W0290818

Descubre

www.edelvivesdigital.com

Multiplataforma > Todos los sistemas operativos > *On-line, off-line*

Licencia de activación

Religión 6º LA ÁGAPE PRI.

eGhxSNu

Sigue estos sencillos pasos y podrás disponer de tus recursos digitales

1 Visita **www.edelvivesdigital.com** e introduce los datos que te solicita la plataforma desde **Regístrate aquí.**

2 Escribe, si lo deseas, el nombre de tu colegio.

3 **Empieza aquí y ahora.**
Escribe la licencia de activación que está en el anverso de esta hoja y haz clic en **Activar.**

Durante todo el proceso, se deberá prestar atención a las políticas de privacidad y demás avisos legales proporcionados por el Grupo Edelvives.

> **Desde la plataforma, también está disponible la versión *off-line* para ordenador:** Versión de Escritorio

> **Para acceder a los recursos digitales desde tu tableta puedes descargarte la aplicación Edelvives_texto disponible en los diferentes *stores*:**

Descárgalo en el App Store | Disponible en Windows Store | Android app on Google play | Disponible en Chrome Web Store

Consulta los requisitos mínimos en www.edelvivesdigital.com

Es importante que el registro se realice previamente desde la web.

¿Necesitas ayuda?

Elige el camino:

- Contacta con Soporte técnico a través de la página **www.edelvivesdigital.com**
- Descárgate los tutoriales en PDF que encontrarás en la Zona de descarga de nuestro Soporte técnico.
- Escribe un correo a **digital@grupoedelvives.com**
- Llama al **900 622 192.**

EDELVIVES

Ágape

RELIGIÓN
Católica

6

PRIMARIA

Texto aprobado por la Conferencia
Episcopal Española con fecha 13-07-2015

AUTORES
Concepción Alcaraz Sánchez
María Gismero Agudo
Carlos Romera Valladares
Rafael Ruiz García

INNOVACIÓN Y REVISIÓN TÉCNICA
Equipo Kainós

SUPERVISIÓN LOMCE
Juan Manuel Rodríguez Iglesias

EDELVIVES

Descubrimos Contenido	Leemos la Biblia Narración / Biblia	Conocemos Cultura	Recordamos Síntesis
Queremos ser felices. No tenemos la respuesta. ¿Qué es la felicidad? Dios responde a nuestro deseo de plenitud.	*Dios lo puede todo* (Mc 10,17-31). Los evangelios sinópticos.	Deseo de salvación en la música y la literatura.	**Buscamos respuestas:** Las personas deseamos la felicidad y la plenitud. Por nosotros mismos no las alcanzamos. Dios ilumina y nos ofrece la plenitud y la salvación.
Plenitud y religión. Dios y las primeras manifestaciones humanas. Las religiones antiguas. Judaísmo. Cristianismo: Jesús la respuesta última.	*El ser humano imagen y semejanza de Dios* (Gén 1,26-2.4). La Historia de Salvación.	Ritos, costumbres y arte como formas de relación con Dios.	**Religión y plenitud:** La religión es una forma de dar respuesta al deseo de plenitud del ser humano. Prehistoria, antigüedad, judaísmo, cristianismo. Jesús, respuesta última.
La sabiduría de Israel. Refranes, sentencias y proverbios. La sabiduría es un don de Dios. La sabiduría enriquece a la humanidad.	*La sabiduría es un tesoro* (Prov 3,1-20). La literatura sapiencial.	Jesús, la Sabiduría de Dios.	**La sabiduría de Dios:** La sabiduría es un don de Dios que enriquece a la humanidad. Jesús es la sabiduría de Dios que nos trae la Salvación.
Desde Jesús hasta la caída del Imperio romano de Occidente.			
Revisamos lo aprendido trabajando en grupos cooperativos.			
Jesús, verdadero Dios y verdadero hombre. Jesús y los evangelios. Los evangelios nos cuentan que Jesús era verdadero Dios y verdadero hombre.	*Si me conocéis también...* (Jn 14,6-31). Los evangelios no son biografías de Jesús.	Jesucristo desvela a Dios.	**Jesús, verdadero Dios y verdadero hombre:** Conocemos a Jesús en los evangelios. Hay cuatro. Dicen que Jesús es el Hijo de Dios.
Amar como Dios nos ama. La religión y la sociedad en tiempos de Jesús. La novedad de Jesús. El mandamiento nuevo.	*Las tentaciones de Jesús* (Mt 4,1-11). Obstáculos en la vida pública de Jesús.	Tentados como Jesús.	**Amar como Dios nos ama:** El judaísmo: cumplir la Ley. Jesús es especial. El mandamiento nuevo: amaos como yo os he amado.
Comprometidos con la misión de Jesús. La misión de Jesús. Continúa con los apóstoles. La Iglesia continúa la misión de Jesús.	*Yo estaré con vosotros hasta el fin del mundo* (Mt 28,16-21). El lenguaje simbólico de la Biblia.	Cáritas	**Comprometidos con la misión:** Jesús anunciaba el Reino de Dios, enseñaba, curaba y consolaba. Ahora la Iglesia anuncia la Buena Nueva; construye escuelas, cuida y atiende a los enfermos y a los ancianos.
La Edad Media.			
Revisamos lo aprendido trabajando en grupos cooperativos.			
Los sacramentos al servicio de la Iglesia y su misión. El mandamiento nuevo: amaos como yo os he amado. La Confirmación. El Orden sacerdotal. El Matrimonio.	*Un Padre que nos cuida* (Mt 6,25-34) La Biblia narra el encuentro de Dios con las personas.	El sacramento del Orden sacerdotal.	**Sacramentos de misión:** Confirmación: los cristianos reciben el Espíritu Santo. Matrimonio: los esposos se comprometen ante Dios. Orden sacerdotal: los sacerdotes se comprometen con la comunidad cristiana.
Jesús ha venido a salvarnos. El pecado y la muerte. El perdón de Jesús, perdón de Dios. Jesús, su muerte y resurrección.	*En el camino de Emaús* (Lc 24,13-35). La exégesis bíblica.	Símbolos del tiempo pascual.	**Jesús ha venido a salvarnos:** El pecado nos aleja de Dios y de los demás. Jesús perdonaba a todos de corazón. Jesús muere siendo fiel a su misión y con su Resurrección nos da la alegría de una vida nueva.
El encuentro con el Resucitado. Un encuentro que transforma la vida. Id por todo el mundo. Llamados a ser testigos de la Resurrección.	*Vosotros sois testigos de esto* (Lc 24,36-49) Pistas para leer la Biblia.	Ser testigos hoy del Resucitado.	**La Resurrección de Jesús** Transforma nuestra vida y nos trae alegría esperanza y salvación. Nos convierte en testigos del Resucitado.
Desde el descubrimiento de América hasta nosotros.			
Revisamos lo aprendido trabajando en grupos cooperativos.			
Historia de Salvación en imágenes. (Imágenes de nuestra amistad).			

Hola, somos The Agapes

¡Hola, chicos y chicas! Somos Elisa, Pedro, Moussa y Li, y juntos formamos el grupo musical The Agapes. Durante este curso compartiremos un montón de buenos ratos. Somos un grupo de chicos y chicas de doce y trece años como vosotros.

Hace unos años nuestros caminos se cruzaron en el mismo colegio y en la escuela donde practicamos una pasión que todos compartimos, que es la música. Este año Elisa y Moussa, que son los mayores, han empezado las clases en el instituto. Pedro y Li continúan en el colegio, donde cursan sexto de Primaria. Pero seguimos tocando juntos, ya sea en los locales de nuestra parroquia o en la escuela de música que hemos mencionado antes.

Como estamos un poco separados a la hora de ir a clase, hemos buscado un símbolo que señale nuestra pertenencia al grupo que formamos. Ahora todos lucimos unas pulseras que nos recuerdan que somos el grupo The Agapes. Siempre las llevamos puestas, y los demás amigos que nos rodean ya van conociendo lo importantes que son para nosotros por su significado.

Como chicos de doce y trece años, el grupo sigue siendo una de las cosas más importantes de nuestra vida, y todas las experiencias que hemos vivido juntos hasta ahora han ido reforzando nuestra amistad. Tenemos la suerte de seguir contando con la ayuda y el apoyo de Marc, nuestro profesor de música que, aunque ya no lo es de todos, se organiza para acompañarnos de vez en cuando en nuestros ensayos.

Continuamos dándonos a conocer en nuestro blog, donde colgamos las cosas que nos van pasando, que nos importan y que nos llaman la atención a cada momento. A lo largo del curso podréis ir viendo cómo vamos actualizándolo.

Vamos a presentarnos cada uno para que nos conozcáis un poco más.

Li

Soy la más pequeña del grupo, pero en seguida voy a cumplir doce años. Nací en China, pero cuando tenía unos pocos meses y vivía en un orfanato, mis padres vinieron a recogerme y me adoptaron, por lo que, a pesar de mis rasgos asiáticos, en todo lo demás se puede decir que soy de aquí.

Soy un poco bajita y puedo parecer algo debilucha. Quizá es porque me dedico más a estudiar que a practicar deportes. Algunos opinan que soy un poco «listilla».

Desde muy pequeña mis padres me compraron un pequeño piano. Al ver que me gustaba y no paraba de aporrearlo, me apuntaron a clases para aprender a tocarlo mejor. Ahora he mejorado mucho después de tantas horas de dedicación... Soy la que toca los teclados en el grupo. Estoy muy ilusionada por poder compartir con vosotros este curso que vamos a empezar.

Pedro

Tengo doce años. Soy el mayor de mis hermanos, ya que los otros dos son más peques... Una de mis pasiones son los bocatas, por lo que estoy un poco regordete. Sigo pensando que tengo que hacer más caso al profe de educación física y comer más sano y dedicar más tiempo a hacer deporte.

Soy pelirrojo y tengo la cara llena de pecas. Creo que el ser tan singular hace que sea el gracioso del grupo. Cuando hay un momento tenso o difícil, me toca soltar la gracia para que todo el mundo se eche a reír y así pasar el trago... En el mundo de la música empecé tocando la bandurria en la rondalla de la parroquia, lo que me sirvió para aprender a tocar los instrumentos de cuerda. Toco el bajo en el grupo.

Seguro que durante este curso pasamos buenos ratos... ¡Nos vemos!

Elisa

A mis trece años, me interesa lo que a todos los adolescentes de mi edad… Además, este año me siento mayor, ya que he empezado las clases en el instituto. Siento la necesidad de cuidar mucho mi forma de vestir, de ir a la moda. Para ello me fijo en los artistas del momento, cuya vida sigo bastante. Los demás piensan que canto bien. De pequeña aprendí a tocar la guitarra en la parroquia donde todavía participo y vivo mi fe. Por ello yo soy la que toca la guitarra y canta en el grupo.

Físicamente soy un poco alta en relación con mis compañeras de clase. Los demás a veces me sacan un poco de quicio, ya que me gusta que mis ideas sean las más importantes, pero al final siempre terminamos poniéndonos de acuerdo, y eso es una de las cosas que más valoro de la amistad que hay en nuestro grupo. Me gusta mucho la tecnología, por lo que me toca seguir animando a todos a publicar cosas en nuestro blog. A través de él estaremos en contacto durante este curso.

Moussa

Dicen que lo más seguro es que, por ser de raza negra, tenga el ritmo en el cuerpo… La verdad es que me dan cualquier cosa que suene y en seguida me pongo a marcar el ritmo y a hacer que me sigan con palmas los que están a mi alrededor. Nací en Guinea. Mi padre vino a España cruzando el Estrecho en patera a buscar un futuro mejor. Cuando encontró trabajo volvió a buscarnos a mi madre y a mí, por lo que vivo en el barrio desde que tenía dos años. Ahora tengo trece años y he empezado, con Elisa, mis clases en el instituto.

Me encantan los deportes, y mis ídolos son algunos grandes deportistas. Me gustaría ser como ellos. Los que me conocen bien dicen que soy una persona responsable en quien se puede confiar. Ya os podéis imaginar que en el grupo toco los instrumentos de percusión, sobre todo la batería. Seguro que este año vamos a disfrutar juntos de un montón de experiencias.

1. Explica en tu cuaderno cuáles son las cosas que más interesan a los chicos y chicas de sexto de Primaria.

... Y nos acompaña Marc

Desde que empezamos a formar nuestro grupo, vimos que necesitábamos que algún adulto nos echara una mano. Cuando nos íbamos a presentar a un concurso muy importante para nosotros no dudamos en pedir ayuda a Marc, ya que era el profesor de música de todos y una persona muy *enrollada*. Es joven, lleva pocos años en el colegio, y pone mucha ilusión a la hora de explicar las cosas. Siempre está inventando nuevas actividades para hacer más atractiva su asignatura.

Se casó hace unos años con otra profesora, de la que está muy enamorado. El año pasado nació Mario, su primer hijo. Él le roba gran parte de su tiempo. Bueno, él y prepararse para conseguir la plaza de director de la orquesta joven de nuestra localidad. A pesar de ello siempre encuentra tiempo para nosotros...

Ya hemos dicho que, además de ayudarnos a resolver todas nuestras dudas como grupo musical, también está siempre a nuestro lado cuando surge algún problemilla... Se puede decir que a veces se convierte en nuestro hermano mayor, e incluso en nuestro padre. Sabe comprendernos muy bien.

Es una suerte que esté a nuestro lado siempre que lo necesitamos.

2 Describe cómo te gustaría que fuera tu profesor o profesora ideal.

1 Buscamos respuestas

Elisa y Moussa empiezan sus clases en Primero de Secundaria en el instituto.

A veces te preguntas y nadie te contesta.
¿Quién sabe cuántas gotas de agua hay en el mar?

Para ser un buen explorador…
… y buscar respuestas:

- Me preparo en silencio
- Abro los ojos y observo
- Comparto lo que veo
- Pienso

Me hago preguntas: ¿quiénes aparecen en la imagen? ¿Dónde están?

1 Preguntas para el diálogo

- ¿Qué te sugiere la imagen?
- ¿Qué decisión han tomado para dar respuestas a sus inquietudes?
- ¿Qué esperas de la clase de religión?

Seguro que cuando os juntáis con vuestros amigos habláis sobre temas que os producen dudas. Os vais haciendo mayores, y las pequeñas charlas se van convirtiendo en largas conversaciones con un matiz más serio y profundo.

Cuando tratamos un tema con profundidad, es posible que aparezcan cuestiones difíciles de responder desde una visión humana. A lo largo de estos cursos de Primaria hemos ido tratando temas de nuestra vida cotidiana desde una visión cristiana de la vida. Se nos han ido proponiendo ideas que ahora convertimos en argumentos que nos ayudan a entender algunas de ellas que, a priori, nos pueden parecer inabarcables.

Todas esas preguntas no son nuevas. Los cristianos encontramos respuesta a ellas en la persona de Jesús. Él es nuestro modelo y nos ofrece un Reino de Dios en el que todas ellas adquieren sentido.

2 Trabajamos juntos: ponemos en común nuestros interrogantes

1. Pensamos en aquellas preguntas que nos preocupan.
2. Las ponemos en común.
3. Escribimos cada pregunta en una tira grande de cartulina y las colgamos en la pared.
4. Podemos elaborar con ellas un mural que lleve este título: «La asignatura de religión ofrece respuestas a tus grandes preguntas».

Tu grupo pop preferido

21 DE SEPTIEMBRE

Un gesto vale más…

Publicado por Li

Como jóvenes nos movemos en un mundo en el que muchas veces sobran las palabras y un sencillo gesto puede significar mucho para las personas que están a nuestro lado. El otro día, en clase de reli, el profesor nos presentó esta canción del grupo Kairoi que se titula *Tu gesto*. Nos ha hecho pensar mucho. Aquí os la dejamos porque seguro que vosotros encontráis en ella alguna idea que os puede servir…

Desde tu propia realidad
puedes construir la paz,
luchar por un mundo mejor
de justicia y de igualdad.

In your own life,
you can build peace
and fight for a better world
with justice and equality.

Desde el lugar donde estés
con tu gesto ayudarás
al que contigo está.
Crearás fraternidad.

Parar el tiempo, escuchar,
compartir con los demás.
Sencillamente sonreír,
el momento hay que vivir.

Mostrar el rostro de Dios
con tu forma de vivir.
Optando por el amor,
renovar la ilusión.

TU GESTO ES TU CORAZÓN.
TU GESTO HARÁ EL MUNDO MEJOR.

17 DE SEPTIEMBRE

Hemos elegido la asignatura de religión

Publicado por Elisa

Cuando nuestros padres nos matricularon en el instituto, les preguntaron si nos apuntaban o no a la asignatura de religión. Ellos tenían claro que querían para nosotros una educación que siguiera sus valores cristianos.

Nosotros estamos de acuerdo con ellos. El otro día, hablando con otros compañeros en el recreo, surgió este tema. Los que van a la asignatura de Valores éticos nos contaban los temas que estaban tratando en ella. Coincidíamos en muchas de las ideas, pero descubrimos que nosotros dábamos respuestas a ellas desde el mensaje de Jesús. La conversación que tuvimos resultó muy interesante.

18 DE SEPTIEMBRE

Empezamos el curso

Publicado por Elisa

Este año Moussa y yo empezamos las clases de Secundaria. Como hemos empezado más tarde que Pedro y Li, el otro día fuimos a desearles un feliz curso y aprovechamos para hacernos una foto los cuatro juntos. ¿A que salimos bien? Por cierto, podéis fijaros en nuestras nuevas pulseras.

Comentario

Marc dice:

¡Qué pulseras tan chulas! El diseño es muy original. ¡Buen comienzo de curso!

19.09.15 a las 22:15

15 DE SEPTIEMBRE

Dónde encontrar a Dios

Publicado por Pedro

Hace unos días, en el grupo de catequesis, estuvimos hablando sobre lugares en los que podemos encontrar la presencia de Dios. Seguro que cada uno de nosotros tenemos una manera concreta de sentir esa cercanía. Muchas veces, el ruido y el ajetreo de nuestra vida hacen difícil que sintamos esa presencia. A veces incluso podemos llegar a pensar que nos ha abandonado. Hablando sobre ello, coincidíamos en que lo que ocurre es que no miramos adecuadamente.

Entre todos señalamos los lugares en los que Dios se nos hace más cercano: en las personas que nos rodean y son importantes para nosotros, en las maravillas de la naturaleza que ha creado (el agua, el sol, los bosques, las montañas, el mar, los animales...). Llegamos a la conclusión de que Dios está presente en el mundo, facilitando siempre nuestro encuentro con Él.

Queremos ser felices

A lo largo de la historia constatamos que el ser humano es un ser insatisfecho. Las preguntas por el sentido de la vida y el **deseo de alcanzar la plenitud** son una constante en la historia de la humanidad. En efecto, las personas no nos conformamos con tener cubiertas nuestras necesidades básicas sino que continuamente pensamos sobre el porqué de las cosas. Nos interrogamos acerca del origen de la vida, sobre la muerte, sobre el paso del tiempo, sobre la naturaleza, sobre el mal y el sufrimiento... Todas ellas son cuestiones que nos afectan de una manera radical y que no podemos responder por nosotros mismos o solucionar solamente con la ayuda de nuestra razón.

La insatisfacción del ser humano tiene su origen en el deseo de felicidad. **Todos queremos ser felices** y para ello precisamos hallar un sentido a nuestra existencia: ¿por qué estoy en el mundo?

La inteligencia humana ha ido introduciendo avances muy significativos que han mejorado considerablemente la existencia: pero no ha sido capaz de poner fin a ese deseo de plenitud. Por tanto, se da un contraste entre el deseo infinito de felicidad y las **limitaciones propias de la existencia humana.**

No tenemos la respuesta

Existen muchos ejemplos que nos hablan de la imposibilidad de la naturaleza humana para alcanzar la plenitud.

Podríamos señalar varios ámbitos que nos muestran el contraste entre nuestro **deseo infinito de plenitud** y nuestra **incapacidad para satisfacerlo.** Veamos algunos de ellos:

- **La existencia del mal:** Cuestiones como el egoísmo, la violencia, la injusticia amenazan la existencia humana.
- **El dolor, el sufrimiento y la muerte:** Es el gran problema de la humanidad. La historia está llena de personas que se han preguntado ¿por qué el dolor? ¿por qué tenemos que sufrir? ¿qué sentido tiene la muerte?
- **La pobreza y la injusticia:** Nunca ha tenido la humanidad tanta abundancia de riquezas, posibilidades y poder económico, y, sin embargo, muchas personas sufren la pobreza, la miseria y el analfabetismo. No podremos ser totalmente felices mientras haya personas que sufren a nuestro alrededor.
- **El sentido de la existencia:** Todos en algún momento nos preguntamos para qué estamos en el mundo, qué aporta nuestra existencia o cuáles son los fundamentos que la sustentan. La respuesta que demos a esta pregunta determinará nuestra manera de situarnos y relacionarnos con los demás.

En el corazón da cada ser humano hunde sus raíces un deseo infinito de felicidad y perfección que contrasta con la propia incapacidad para alcanzarlas.

¿Sabías que...?

Los investigadores han descubierto que los primeros humanos tenían una serie de ritos funerarios que expresan una preocupación por el tema de la muerte y un deseo de ganarse el favor de la divinidad. Ya desde el principio, es una de las grandes preocupaciones de la humanidad.

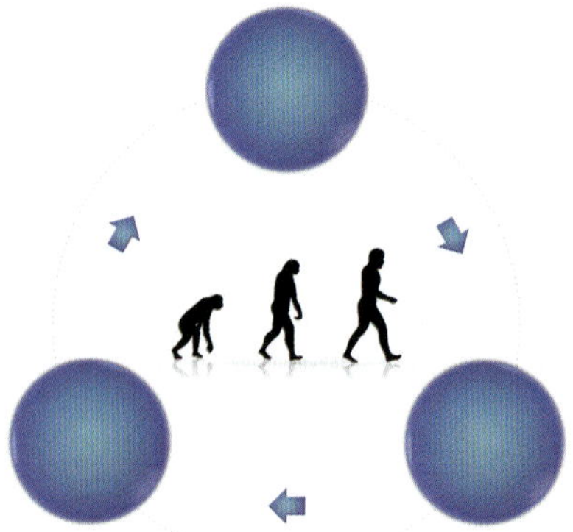

¿Qué es la felicidad?

No es fácil responder a esta pregunta de una manera unánime. Si la realizamos a varias personas cada una nos ofrecerá una respuesta dependiendo de su experiencia. A lo largo de la historia son muchas las definiciones que se han dando de qué es y qué implica la felicidad.

Sin embargo, hay una serie de **elementos que aparecen asociados** a la idea de felicidad:

- La armonía entre el ser humano y el resto de la creación.
- La superación del mal y del sufrimiento.
- Una vida espiritual en plenitud.
- La realización a través del amor a los demás (familia, trabajo, comunidad, humanidad, Dios...).
- La superación de los límites que frenan la existencia.

Todos estos elementos nos muestras una aspiración muy profunda del ser humano: **las personas ansiamos una vida plena y libre,** digna del ser humano, que permita nuestro desarrollo y el de nuestro entorno

En Jesús de Nazaret encontramos la respuesta a nuestras preguntas.

Dios ilumina y responde a nuestro deseo de plenitud

Como criatura de Dios, el hombre experimenta que es un ser limitado y, a la vez, se siente ilimitado en sus deseos y llamado a una vida superior.

Los cristianos creen que **Dios da al hombre luz y fuerzas** para satisfacer este deseo de plenitud que tiene que ver con lo que Dios mismo quiere para cada uno de nosotros. Igualmente, creen que la clave, el centro y el fin de la historia humana se encuentra en Jesucristo, su Señor y Maestro.

Por tanto, mirando y siguiendo a Jesús podemos atisbar la respuesta a estas grandes cuestiones de la humanidad y alcanzar nuestra felicidad viviendo **la Salvación que Cristo nos ha traído.**

El número 4 del Catecismo *Jesús es el Señor* habla de la Creación amorosa de Dios. El número 14 explica cómo Jesús nos trae el Reino de Dios. El número 24 habla del Espíritu Santo y de la vida de la Iglesia.

1. Escribe en tu cuaderno las principales preguntas y preocupaciones de las personas. Amplía la lista contrastándola con tu familia. Después, compárala con la de tu compañero y escribe tu lista definitiva.
2. Enumera realidades que muestran la imposibilidad de la naturaleza humana para alcanzar la felicidad por sí misma. ¿Con cuáles de las que hemos estudiado en esta página tienen que ver? ¿Qué nos están diciendo estas realidades?
3. ¿Cómo responde Dios a nuestro deseo de plenitud? ¿Crees que Dios nos hace más y mejores seres humanos? Justifica tu respuesta.
4. Retoma la lista de la primera actividad y trata de responder a cada una de las cuestiones desde lo que Jesús de Nazaret supone para los cristianos. Comparte tus respuestas e interrogantes con el resto de la clase.

Nos preparamos para leer la Biblia

Dios lo puede todo

Mc 10,17-31

«Cuando salía Jesús al camino, se le acercó uno corriendo, se arrodilló ante él y le preguntó: "Maestro bueno, ¿qué haré para heredar la vida eterna?". Jesús le contestó: "¿Por qué me llamas bueno? No hay nadie bueno más que Dios. Ya sabes los mandamientos...».

Para empezar

- Observa la ilustración y descríbela.
- ¿Crees que la riqueza puede darnos la felicidad? ¿En qué sentido?
- Piensa en alguna persona muy rica que aparezca en los medios ¿crees que es feliz?
- ¿Con qué relato de la Biblia relacionarías la ilustración?

Pistas sobre el texto

Este relato es conocido como «El joven rico». Es un texto un poco largo que seguro que has escuchado en otras ocasiones. Nos habla de una persona que se encontró con Jesús y le preguntó «¿qué haré para heredar la vida eterna?», es decir, interrogó a Jesús sobre qué debía hacer para alcanzar la verdadera felicidad. Jesús ofrece dos respuesta a este hombre: cumplir los mandamientos y vender todo lo que tiene, dárselo a los pobres y seguirle.

Vocabulario

Eterno: que no tiene fin.

Adulterio: infidelidad de una persona casada hacia su cónyuge.

Estafar: engañar a alguien con ánimo de quedarse con su dinero de manera fraudulenta.

Testimonio: manifestación o aseveración de algo. Narración de un hecho del que uno ha sido testigo.

Honrar: respetar, dar honor a alguien.

Trabajamos sobre el texto

- **Preparamos la lectura.** Antes de leer el texto, contestad estas preguntas en voz alta: ¿a quién haces favores sin esperar nada a cambio? ¿Conoces personas que trabajan gratis para otros? ¿Sabes qué es ser voluntario? ¿Puedes poner en orden estas tres cosas importantes en la vida: salud, dinero y amor?
- **Leemos el texto.** Primero, leedlo en parejas. Después, en voz alta; puede leerlo un alumno o el profesor.

1. Haz una presentación de cómo es el joven que se acerca a Jesús según el texto. ¿Qué busca? ¿Cómo es su comportamiento? ¿Cómo reacciona a las palabras de Jesús?
2. Trata de explicar estas frases: «¿Por qué me llamas bueno? No hay nadie bueno más que Dios»; «Es imposible para los hombres, no para Dios. Dios lo puede todo».
3. Debate con tus compañeros por qué Jesús le pide al joven que venda todo, lo reparta entre los pobres y le siga. ¿Por qué la riqueza nos aleja de la felicidad? ¿Por qué afirma Jesús: «Qué difícil les será entrar en el reino de Dios a los que tienen riquezas»?
4. ¿Qué relación encuentras entre este relato bíblico y lo que estamos estudiando en esta unidad? ¿Cuál es la pregunta que el joven lanza a Jesús? ¿Con cuál de las que hemos estudiado tiene que ver?

En los evangelios aparecen varios ejemplos del deseo de plenitud del ser humano. No se habla directamente de la felicidad del ser humano pero toda la vida y la predicación de Jesús nos habla de las Bienaventuranzas como el camino para ser felices y vivir en plenitud desde el encuentro del ser humano con Dios.

El relato del joven rico es uno de los más significativos de este deseo de plenitud que buscaban los que se acercaban a Jesús.

Pistas para aprender a leer la Biblia

Son cuatro los evangelios que encontramos en la Biblia. Los escribieron Mateo, Marcos, Lucas y Juan. Nos presentan los principales acontecimientos de la vida de Jesús pero no son simples biografías. Los evangelistas nos presentan a Jesús como el Hijo de Dios hecho hombre y plantean sus evangelios para mostrarnos que Jesús vino para salvarnos.

Los gestos y palabras de Jesús nos revelan el Reino de Dios y al Padre. En los encuentros con sus seguidores, como en este caso con el joven rico, se nos ofrecen pistas sobre el seguimiento de Jesús y sobre cómo debemos actuar.

Expresiones del deseo humano de salvación

Si nos acercamos a expresiones artísticas actuales podemos encontrar numerosos ejemplos de la búsqueda de felicidad y de salvación que hemos estudiado en esta unidad. En realidad, todo el arte es una expresión de ese deseo de plenitud y salvación que late en el corazón del ser humano.

Nico Montero es un cantautor cristiano que presenta el Evangelio mediante la música. En un tema que se titula *Busco algo más* nos habla de esta búsqueda (HYPERLINK "http://www.buscoalgomas.com" www.buscoalgomas.com):

Busco algo más que dé sentido a mis sentidos que despierte el corazón solitario, adormecido. Y es que busco una razón que sea razón a todos mis motivos.

Busco La Verdad por encima de «verdades» y es que busco esa Luz que ilumine realidades voy buscando un Corazón de un amor inagotable.

El famoso grupo U2 también nos habla de esta búsqueda de salvación. Una de sus canciones más conocidas es *I Still Haven't Found What I'm Looking For.*

He escalado las más altas montañas. He corrido a través de los campos. Solo para estar contigo. He corrido, me he arrastrado. He trepado los muros de esta ciudad, los muros de esta ciudad. Solo para estar contigo. Pero todavía no he encontrado. Lo que estoy buscando. Pero todavía no he encontrado. Lo que estoy buscando.

En la literatura, encontramos ejemplos de búsqueda de salvación y plenitud. Algunos de ellos, se presentan bajo la imagen de un viaje o una búsqueda. Hay obras clásicas como *Las crónicas de Narnia* o *El señor de los anillos*. En ellos, los protagonistas van tomando conciencia de sí mismos y van tomando decisiones que determinan su existencia.

Lo que tú quieras, querido Dios es una obra de Len Mayer-Skumanz que nos presenta el día a día de un niño de tu edad que comparte con Dios lo que le va sucendiendo en cada jornada. Poco a poco va descubriendo que todo se vive de otra manera cuando se vive desde Dios; se atisba que la búsqueda de salvación halla su meta en el encuentro con Dios.

El acercamiento a la vida de los santos también nos ofrece pistas de cómo han concretado en sus vidas la búsqueda de salvación de la que venimos hablando. La Madre Teresa de Calculta, san Vicente de Paúl o santa Teresa de Jesús pueden ayudarnos a personalizar todo lo que hemos estudiado en esta unidad.

1. Busca otras canciones actuales que hablen de la búsqueda de la felicidad y la salvación.
2. Lee algún fragmento de las obras que te recomienda este apartado y describe qué dice sobre la felicidad.

RECORDAMOS

1 **En pequeños grupos preparad una relación de situaciones que vive el ser humano y que nos muestran la necesidad de felicidad y salvación. Podéis ayudaros de lo que hemos estudiado en esta unidad.**

- Seleccionad algunas noticias de la prensa que ejemplifiquen esas situaciones.
- ¿El ser humano es capaz de responder a esas necesidades? ¿Qué dificultades encuentra?
- Presenta estas situaciones de manera visual utilizando murales, presentaciones interactivas…
- Antes de presentarlo a la clase conviene que ensayéis entre vosotros cómo vais a presentarlo.

2 **Copia en tu cuaderno el mapa conceptual de la unidad y complétalo. Después, amplía el contenido con lo que has aprendido.**

Buscamos respuestas
Looking for answers

- Los seres humanos queremos ser felices.
  All humans want to be .....
  - Nos preguntamos sobre el sentido de la existencia.
    We wonder about the meaning of .....
  - No podemos alcanzar la plenitud.
    We cannot achieve fullness.
- Dios ..... a nuestro deseo de plenitud.
  God answers our ..... for fullness.
  - Jesús nos trae la salvación.
    Jesus brings us .....
  - Plenitud del ser humano: relación con Dios.
    Human fullness: relationship with .....

2 Dios: nuestra plenitud

En la clase de religión, Pedro y Li están practicando hoy unos ejercicios de relajación.

Somos mil mundos diferentes,
cientos de piedras en el mar...

Para ser un buen explorador…
… y descubrir la sabiduría de las religiones:

- Me preparo en silencio
- Abro los ojos y observo
- Comparto lo que veo
- Pienso

Me hago preguntas: ¿dónde están Pedro y Li? ¿Te resulta familiar la escena?

1 Preguntas para el diálogo

- ¿Qué están haciendo en clase?
- ¿Qué ambiente se percibe?
- ¿Qué sabes sobre los ejercicios de relajación?

Aprender técnicas de relajación nos ayuda a encontrar vías de acceso a un ritmo de vida más sosegado y en contacto con lo esencial de uno mismo y a aumentar nuestro nivel de atención y concentración. También podemos lograr un mejor control de nuestros pensamientos, emociones y conductas, así como disfrutar más del presente.

Estas técnicas pueden ser una herramienta que no sustituye a la oración cristiana en la que el creyente se comunica con Dios expresándole sus peticiones y agradecimientos.

Los evangelios muestran que Jesús era un maestro de la contemplación y que sus seguidores querían vivir esa enseñanza en su oración y sus vidas diarias. Esta experiencia de espiritualidad profunda se encuentra en todas las tradiciones espirituales y religiosas. En esta unidad podrás conocer la sabiduría profunda que presentan.

2 Trabajamos juntos: conocemos otras tradiciones religiosas

Cada vez es más importante la comunicación en nuestro mundo. Esto permite que conozcamos costumbres y tradiciones de otros pueblos y culturas. Muchas técnicas de relajación y meditación provienen de tradiciones religiosas que surgieron hace miles de años en la India.

- Buscamos información en internet sobre la atención plena o *mindfulness*:
  - ¿Qué significa esta expresión?
  - ¿Cuál es su origen?
  - ¿Qué beneficios aporta su práctica habitual?

Tu grupo pop preferido

14 DE OCTUBRE

Monjes budistas

Publicado por The Agapes

Hemos descubierto un grupo que se llama «Monjes budistas». En diciembre de 2005 publicó un disco que al principio no tuvo mucho éxito. Poco después el público empezó a interesarse por los temas creados por un grupo de monjes budistas que vivían en un monasterio de la provincia de Barcelona, cuyos recitados o mantras se combinaban con bases pop. El álbum llegó a ocupar el número 1 de la lista nacional de ventas. Escucharlo transmite una sensación de paz que nos recuerda a la religión budista. Escuchad esta canción titulada *My Spirit Flies to You* y y ya veréis...

«I dance with the wind,
I flow into your dream.
You can lose your fear,
you can change your life.
Listen to the song of souls,
feel the freedom of peace».

Bailo con el viento.
Mi corriente entra en tu sueño.
Puedes perder el miedo,
puedes cambiar tu vida.
Escucha la canción de las almas,
siente la libertad de la paz.

Comentario

Marc dice:

He visto el vídeo de la canción en internet. Hacen un tipo de música muy original. ¡Es muy relajante!

14.10.15 a las 19:38

10 DE OCTUBRE

Muchas cosas en común

Publicado por Li

Moussa nos ha contado que en su clase hay compañeros de diferentes países. Para que se conocieran mejor, el tutor les propuso una actividad.

Les pidió que cada uno pensara en aspectos concretos de su país de origen. Después animó a ponerlos en común con el resto de la clase. A todos les resultó interesante conocer cosas sobre otras culturas.

Ahora han puesto un cartel con las cosas que tienen en común. Les ayuda a pensar que hay cosas que les unen y que es posible el respeto y el encuentro.

8 DE OCTUBRE

Tenemos camisetas nuevas

Publicado por Elisa

Pedro nos ha hecho un regalo al grupo. Este verano se le ocurrió diseñar un logo para The Agapes y le gustó tanto que encargó unas camisetas para que pudiéramos lucirlo. Nos las hemos probado y nos quedan muy bien. No hemos podido evitar posar en una foto... ¿Os gusta?

Comentario

Elena dice:

¡Qué guapos estáis! Enhorabuena por el diseño, Pedro.

08.10.15 a las 18:06

2 DE OCTUBRE

Formas de relacionarse con la divinidad

Publicado por Pedro

El otro día en la clase de sociales nos hablaron de cosas curiosas que los investigadores han descubierto al estudiar al hombre prehistórico. Así, parece que algunas pinturas rupestres se hicieron como una forma de ganarse el favor divino y para que la divinidad se pusiera de su parte en la caza o protegiendo a su clan. Incluso se han encontrado algunas figuras que podrían hablarnos de formas de relación del hombre con lo divino. Un ejemplo de ello son unas representaciones muy curiosas que se conocen con el nombre de Venus.

Me ha parecido también muy interesante el tema de los enterramientos. Parece que nuestros antepasados concebían ese momento como «algo especial» y seguían una especie de ritual que podría hablarnos de un deseo de ponerlo en conexión con la divinidad.

Algunos de estos ritos son los siguientes:

- Colocar a los difuntos en una postura determinada.
- Realizar enterramientos colectivos.
- Dejar en los enterramientos herramientas con una finalidad que se nos escapa (por ejemplo, las hachas halladas en Atapuerca).
- Enterrar los cuerpos junto a animales que podrían tener un sentido protector.

Plenitud y religión

Las personas buscan respuestas a las preguntas más importantes de la vida. Las religiones son una parte fundamental de la búsqueda de la respuesta que responda al sentido de la vida, que está en Dios. Empleamos la palabra *religión* para referirnos a muchas manifestaciones del encuentro de las personas con un ser superior o Misterio al que los cristianos llamamos Dios. A lo largo de la historia de la humanidad han sido muchas las formas de religión. Hay varias clasificaciones para **organizarlas y comprender así sus semejanzas y diferencias fundamentales**. Una forma sencilla es clasificarlas según estos pares de conceptos:

- **Monoteístas:** creen en un solo Dios creador y salvador del mundo. **Politeístas:** creen en varios dioses.
- **Proféticas**: Dios mismo se hace presente en la historia y da a conocer el plan de salvación. Se vale de los profetas como portavoces. **Sapienciales:** la verdad se obtiene mediante la reflexión, la interioridad, el perfeccionamiento humano...
- **Místicas:** entienden que lo divino está en el interior de cada persona y la meditación los lleva a descubrirse de manera profunda identificándose con la divinidad. **Personalistas:** reconocen a Dios como algo superior y diferente a las personas, y creen que cada persona es individual y a la vez capaz de relacionarse con Dios.

Dios y las primeras manifestaciones humanas

Hemos visto que el ser humano es un ser insatisfecho que tiene un deseo ilimitado de felicidad y salvación. Esto lo podemos constatar ya en los primeros restos humanos que se han descubierto.

Las **pinturas rupestres,** la representación de determinadas figuras, algunas formas de enterramiento y la presencia de algunas herramientas en ellos nos hablan de la relación de los primeros humanos con un ser superior al que buscaban agradar y que protegiera a su clan. Los estudios de los restos encontrados ofrecen evidencias de que el hombre percibe un vacío que llena con esta referencia a un ser superior.

Las religiones antiguas

Esta vinculación entre el ser humano y Dios se percibe también en la religión de las grandes civilizaciones.

Egipcios, griegos, romanos... desarrollan una forma de religión propia en la que la divinidad premia o castiga la buena o mala acción del hombre, protege al individuo y ofrece respuestas frente a las grandes preocupaciones que hemos estudiado. El creyente se relaciona con la divinidad mediante determinados ritos, en lugares sagrados concretos y mediante su actuación.

¿Sabías que...?

Aunque todos los cristianos somos los seguidores de Jesús, entre nosotros hay diferencias en la forma de entender su mensaje y la vida cristiana. Así estamos divididos en católicos, ortodoxos y protestantes. El ecumenismo es un movimiento que promueve el diálogo y la unidad entre los cristianos.

Judaísmo

El origen del judaísmo es **Abraham** y la Alianza que Dios hizo con él y con su pueblo. Para los judíos, el sentido de la existencia se halla en ser fiel a la alianza cumpliendo **la Torá (Ley) y los mandamientos.**

En el caso del judaísmo, Dios es el creador, el origen de la vida y el que garantiza la existencia; la plenitud aparece asociada al cumplimento de la Alianza y a la llegada del Mesías.

Cristianismo: Jesús la respuesta última

Estas religiones que hemos visto son un ejemplo de cómo el ser humano se ha relacionado con Dios como una búsqueda de sentido, felicidad y salvación. Sin embargo, para los cristianos es Jesús la respuesta definitiva y única a esta búsqueda de sentido, felicidad y salvación.

- **Jesús de Nazaret es Dios mismo que se ha hecho hombre**. Se ha encarnado en un momento de la historia para que podamos conocerle mejor, para mostrarnos en qué consiste ser humano y que nos volvamos a Dios.
- **Jesús de Nazaret nos invita a transformarnos**. Los que le siguen son personas nuevas, transformadas por Él, capaces de perdonar, acoger, no juzgar... contructores del Reino de Dios, donde el sufrimiento, el dolor o la muerte no tienen la última palabra.
- **Jesús de Nazaret muere y resucita y nos salva**. Jesús nos ha salvado a todos, no tenemos por qué temer o por qué preocuparnos, tenemos la vida por delante para vivir como hijos felices de Dios.

Desde los primeros seguidores hasta hoy, los cristianos se han relacionado con Dios porque en Él han encontrado la felicidad. Esa relación ha permitido el desarrollo de la humanidad y la construcción de una **sociedad más justa**, fraterna y humana.

Los ritos son mediaciones que existen en todas las religiones. Todas las culturas tienen sus propios ritos en momentos cruciales de la vida: el nacimiento, las fiestas, la muerte...

El número 1 del Catecismo *Jesús es el Señor* cuenta quiénes somos los cristianos. El número 3 nos explica cómo Dios nos habla mediante su Palabra.

1. Descubre y explica por qué los enterramientos, pinturas, ritos y costumbres son signos de la relación del hombre con la Divinidad.
2. ¿Qué relación encuentras entre estas religiones y el deseo humano de felicidad y salvación?
3. Enumera ritos y costumbres de algunas de las religiones que hemos mencionado en estas páginas y cómo relacionan al ser humano con Dios.
4. ¿Por qué los cristianos ven en Jesús la respuesta definitiva a la búsqueda de felicidad y Salvación? ¿Por qué nos ayuda a ser más humanos?

Nos preparamos para leer la Biblia

El ser humano «imagen y semejanza» de Dios

Gén 1,26-2,4

«Dijo Dios: "Hagamos al hombre a nuestra imagen y semejanza; que domine los peces del mar, las aves del cielo, los ganados y los reptiles de la tierra". Y creó Dios al hombre a su imagen, a imagen de Dios lo creó, varón y mujer los creó…».

Para empezar

- Observa la ilustración y descríbela. ¿Qué echas en falta?
- Todos lo que existe fue creado por Dios, pero el ser humano tiene algo especial, ¿qué es?
- ¿Con qué relato relacionarías esta ilustración?

Pistas sobre el texto

Este texto nos presenta la Creación del hombre y la mujer como imagen de Dios. Enseña que el ser humano es capaz de conocer y amar a su Creador y ha sido puesto como responsable de todas las criaturas de Dios para regirlas y servirse de ellas glorificando a Dios.

Para este relato, el sentido de la existencia humana se encuentra en acercarnos cada vez más a Dios. Si hemos sido creados a «imagen» de Dios solo alcanzaremos la plenitud cuando nuestra vida refleje lo que Él es.

Vocabulario

Crear: producir algo de la nada. Por tanto, nos indica que Dios es el origen de todo lo que existe.

Imagen: figura, representación, semejanza y apariencia de algo. Al hablar del ser humano como imagen de Dios el texto bíblico nos muestra que Dios escogió al ser humano entre sus criaturas.

Dominar: indica no solo sometimiento sino también cuidado y responsabilidad.

Trabajamos sobre el texto

- **Preparamos la lectura.** Antes de leer el texto, contestad estas preguntas en voz alta: ¿os resulta familiar el título? ¿Con qué relato de la Biblia se puede asociar? ¿Qué puede indicar esa frase? ¿Qué implica ser «imagen» de algo?
- **Leemos el texto.** Mantenemos la atención mientras el profesor o un compañero realizan la lectura. A continuación, lo leemos de forma individual. Anota la dudas que te surgen o las palabras que no comprendes y aclararlas en el diálogo en el aula. No dejes de tener en cuenta la sección de vocabulario.

1. Enumera qué mandatos da Dios al hombre y a la mujer.
2. ¿Qué relación encuentras en que hayamos sido creados a imagen y semejanza de Dios y la búsqueda de sentido, felicidad y salvación?
3. En grupo, escribid en una cartela la leyenda «Somos imagen de Dios» y anotad alrededor todas las ideas que guardan alguna relación con esa idea.
4. Leed entre todos Gén 2,4-25. Después anotad las diferencias y las semejanzas que hay entre los dos relatos.
5. Si afirmamos que el ser humano es imagen de Dios, afirmamos que puede relacionarse con Él. Indica todas las formas de relación del ser humano con Dios que conoces.

Pistas para aprender a leer la Biblia

Desde los relatos de la Creación, la Biblia nos presenta la relación del ser humano con Dios.

Esta relación se presenta como una historia de Salvación en la que Dios acompaña a su pueblo y le pide que sea fiel a la Alianza.

La cumbre de esa historia es Jesús. En Él los cristianos encontramos la respuesta a nuestro deseo de felicidad, sentido y salvación. Jesús nos ofrece la salvación definitiva.

Además, en Él descubrimos cómo quiere Dios que sea la humanidad. Jesús es la «imagen» perfecta de Dios. Estamos llamados a ser como Él. Ese es el sentido de la vida para el cristiano.

Ritos, costumbres y arte como forma de relación con Dios

Como hemos visto, el ser humano ha descubierto en el hecho religioso una forma de responder a su deseo de felicidad, sentido y salvación. De ahí que hayan surgido diversas formas de relación entre el creyente y la divinidad.

Esa relación encuentra diversas manifestaciones. Así, una de las más comunes son los ritos. Un rito es una acción que se repite, que tiene pautados una serie de momentos y busca poner al ser humano en contacto con Dios o conseguir su favor. Ya hemos hecho mención a determinados ritos funerarios en el hombre primitivo. Hay otros ritos en las religiones como la ofrenda de sacrificios, la ofrenda de inciensos o plantas aromáticas, la oración en determinados momentos del día o las peregrinaciones.

Otra expresión de la relación del hombre con Dios se halla en las costumbres. Este término hace referencia a determinadas actuaciones que nos permiten distinguir lo que está bien y lo que está mal. En algunas se manifiesta en el tema de las comidas, de la vestimenta, de lo que hay que hacer en determinados tiempos. El Ramadán, la prohibición de comer cerdo o consumir alcohol son ejemplos de algunas de estas costumbres. Otras tienen más que ver con la convivencia social y el cuidado y respeto de los semejantes: la limosna, la hospitalidad, la atención a los desfavorecidos...

La relación con la divinidad también se ha reflejado en el arte. En este caso, obras artísticas creadas por el ser humano son instrumento que hacen posible o expresan la relación con la divinidad. Hemos mencionado ya como las pinturas rupestres o determinadas figuras de los primeros homínidos pueden tener una interpretación religiosa. En el cristianismo, los iconos (muy asociados a la Iglesia ortodoxa) o la escultura religiosa son instrumentos que hacen posible la oración. Hay religiones, como el islam, que no admiten las representaciones de la divinidad en el arte.

1. Enumera algunos ritos, costumbres y expresiones artísticos que nos hablen de la relación del ser humano con Dios en el cristianismo.
2. Investiga y selecciona representaciones de lo religioso en distintas religiones y prepara una presentación identificando la religión con las diversas representaciones artísticas.

RECORDAMOS

1 **En pequeños grupos, investiga y recoge acontecimientos de la historia donde se aprecia que el hecho religioso ha sido el motor de cambios para potenciar los derechos humanos, la convivencia, el progreso y la paz.**

- Piensa en las distintas etapas de la Historia y escoge un acotecimiento que responda a lo que se os pide..
- Busca en la Declaración Universal de los Derechos Humanos ideas que tengan su origen en las religiones.
- Buscad imágenes para ilustrar el tema trabajado.
- Preparad una presentación para exponer vuestro trabajo al resto de la clase.

2 **Copia en tu cuaderno el mapa conceptual de la unidad y complétalo. Después, amplía el contenido con lo que has aprendido.**

Religión y plenitud
Religion and fullness

- Clasificación de las religiones / Classification of religions
  - Monoteístas - ..... / Monotheistic - .....
  - ..... - Sapienciales / Prophet-based - Knowledge-based
  - Místicas - ..... / Mystical - .....
- Relación con Dios / Relationship with .....
  - Plenitud humana / Human .....
- Formas de relación: / .....
  - Ritos, costumbres, arte, enterramiento / Rituals, customs, ..., burial
- Religión / .....
  - Motor de cambio y progreso / Driver of change and .....

3 La sabiduría de Dios

¡Se acerca la Navidad! Pedro, Li, Moussa y Elisa están elaborando una preciosa corona de Adviento.

Ya es Navidad.
Jesús va a nacer
en un pequeño portal…

Para ser un buen explorador…
… y acoger a Dios hecho hombre:

- Me preparo en silencio
- Abro los ojos y observo
- Comparto lo que veo
- Pienso

Me hago preguntas: ¿qué están preparando Pedro, Li, Elisa y Moussa? ¿Dónde crees que se encuentran?

1 Preguntas para el diálogo

- ¿Qué es el Adviento?
- ¿Qué es la corona de Adviento?
- ¿Por qué tiene cuatro velas?

La Navidad es la celebración del nacimiento de Jesús, que es Dios hecho hombre. Es un acontecimiento muy especial que requiere una preparación también muy especial, pues se trata de recibir a Dios en nuestras vidas. A este tiempo de preparación y espera alegre lo llamamos *Adviento*, que quiere decir 'venida'.

El tiempo de Adviento comienza cuatro domingos antes de Navidad. Durante este tiempo todo se llena de luces y decoraciones navideñas. Pero lo importante no es esta preparación exterior, lo esencial es prepararnos desde lo más profundo de nuestro ser. Esta preparación nos ayuda a despertar, a buscar y acoger a Jesús en nuestro corazón.

En esta unidad vamos a reflexionar sobre la sabiduría de Dios que enriquece a la humanidad y que nos ha llegado por medio del pueblo de Israel y que se ha hecho visible con el nacimiento de Jesús.

2 Trabajamos juntos: comentamos e investigamos

Las cuatro velas de la corona nos recuerdan que el Adviento tiene cuatro semanas. Cada semana se enciende una de las velas, y al final del Adviento las cuatro están encendidas. Las velas nos recuerdan que nos preparamos para recibir a Jesús, la Luz del Mundo.

- Comentamos en equipo el significado de esta expresión: *Jesús es la Luz del Mundo.*
- Escribimos una conclusión al respecto.
- De esos cuatro domingos hay uno especial que se denomina domingo *Gaudete*. Investiga su significado.

Tu grupo pop preferido

17 DE DICIEMBRE

Nuestra felicitación de Navidad

Publicado por The Agapes

En la foto que nos hacemos cada año para la felicitación de Navidad, esta vez hemos querido reflejar una de las actividades más importantes que llevamos a cabo en estas fechas: colaborar en la campaña parroquial «Un juguete para todos». Es una forma de que iniciativas como estas lleguen a más personas... Además, así nosotros deseamos a todos una feliz Navidad.

15 DE DICIEMBRE

Los sabios en la Biblia

Publicado por Elisa

Hoy hemos estudiado en clase de religión los libros sapienciales. Esta palabra tan difícil viene de *sabiduría*; estos libros son, por tanto, los que recogen la sabiduría de Dios de la que el pueblo es el depositario.

El sabio de la Biblia tiene curiosidad por las cosas de la naturaleza y ve en ellas la mano de Dios pero se preocupa ante todo por saber cómo conducir su vida para obtener la verdadera felicidad. Esta sabiduría nace inspirada por Dios, dirige la historia y es la que proporciona la salvación al ser humano. Por eso, a Jesús también se le presenta como sabiduría de Dios.

Los libros sapienciales y proféticos son los siguientes: Job, Salmos, Proverbios, Eclesiastés, Cantar de los Cantares, Sabiduría y Eclesiástico.

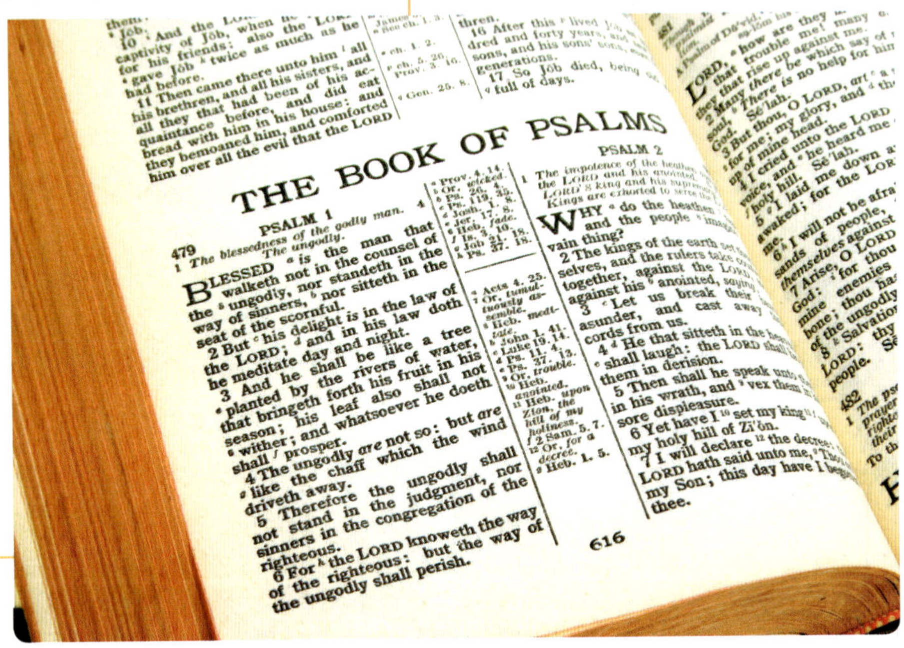

13 DE DICIEMBRE

Un héroe anónimo

Publicado por Moussa

A veces escuchamos noticias que resultan sorprendentes. Ahora que se acerca el sorteo de lotería de Navidad, hemos recordado una noticia que apareció hace tiempo en todos los periódicos. Una persona ganó el primer premio, el que todos conocemos como «el gordo». Como consideró que tenía cubiertas todas sus necesidades y vivía bien, al ver que mucha gente lo pasaba mal en su barrio, decidió entregar casi todo lo que había ganado a Cáritas de su parroquia, para que lo distribuyera. Aunque no se dio a conocer su nombre, se dice que explicaba que quería que lo que para él había sido un milagro lo fuera también para otras personas.

Comentario

Marc dice:

¡Me emociona escuchar noticias sobre personas tan generosas como esta!

13.12.15 a las 16:47

12 DE DICIEMBRE

Nos felicitan la Navidad...

Publicado por Li

Este año estamos recibiendo muchas felicitaciones de Navidad. Nos hemos juntado para verlas entre todos. Hay algunas frases que nos han gustado mucho. Os las escribimos, a ver qué os parecen:

We have received lots of Christmas cards this year. One day we gathered to look at them together. Some of them say really nice things, which we've written down for you. What do you think?

- La Navidad no sería lo mismo sin la compañía de alguien tan especial como tú. Gracias por compartir tu tiempo conmigo. ¡Felicidades!
- En Navidad se hace presente la sabiduría de Dios que nos trae la salvación y nos ayuda a entender la realidad y a encontrar un sentido a todo lo que vivimos.
- La Navidad nos recuerda a Jesús niño, que motiva en nuestros corazones los sentimientos más nobles. Y esa esperanza por un mañana mejor.

- La Navidad es una ocasión propicia para buscar los mejores sentimientos del corazón y enviarlos a las personas queridas.
- Ojalá pudiésemos meter el espíritu de la Navidad en botes y abrir uno cada mes del año. ¡Feliz Navidad!

La sabiduría de Israel

El «sabio» israelita es aquel que sabe estar en el mundo, es decir, es aquel que ha descubierto en Dios su felicidad y lo traduce en su convivencia con la naturaleza y con el resto de los seres humanos. Por tanto, la sabiduría para el pueblo judío tiene mucho que ver con lo que hemos estudiado en las unidades anteriores. El sabio comprende la realidad y se comprende a sí mismo desde la relación con Dios, es decir, **es en Dios donde el ser humano satisface su deseo de plenitud,** de felicidad y de salvación.

Sentencias, refranes y proverbios

Esta sabiduría acumulada por los sabios a lo largo de la historia encontró su mejor expresión en una serie de formulaciones que buscan transmitir cuál debe ser el comportamiento de una persona justa que obedece a Dios y vive feliz y en armonía con lo que le rodea. El que no adapta su actuación a esas sentencias se convierte en un necio que se aleja de Dios y de la felicidad. Es decir, la función de esta colección de sentencias es **ofrecer unas pautas de comportamiento** para el creyente que cumple la Alianza.

He aquí algunos de esos proverbios (Prov 10):

- Hijo sensato, alegría de su padre; hijo necio, tristeza de su madre.
- Tesoros injustos de nada sirven, mas la justicia libre de la muerte.
- El Señor no deja que el justo pase hambre, pero rechaza la codicia del malvado.
- El odio provoca reyertas, el amor disimula las ofensas.
- Labios honrados destilan agrado, de la boca del malvado brota el engaño.
- El sabio atesora saber, la boca del necio es ruina inminente.

Como puedes comprobar, estos proverbios se parecen mucho a los refranes que seguro que sigues utilizando y que expresan la sabiduría acumulada por generaciones anteriores.

La sabiduría es un don de Dios

Esta **sabiduría** que aparece recogida en los Proverbios no es algo que el hombre conquista sino que **solo Dios la posee** y se la da al pueblo como un don cuando es fiel a la Alianza (Job 28,28). Por tanto, aparece asociada a Dios y por mucho que el hombre se esfuerce no la alcanzará solo desde su esfuerzo.

Esta sabiduría hace que el **ser humano** refleje en su comportamiento la alianza con Dios y se traduce en el **respeto hacia los demás** seres humanos y en la armonía con todo lo creado.

¿Sabías que...?

Los libros sapienciales forman un bloque dentro del Antiguo Testamento. En este bloque se suelen incluir los libros de Job, Proverbios, Eclesiastés, Eclesiástico y Sabiduría. Todos ellos nos transmiten la sabiduría de Israel desde perspectivas diversas y complementarias. Suelen presentarse vinculados a los libros poéticos.

La sabiduría enriquece a la humanidad

El pueblo judío no reduce la sabiduría a un saber práctico y que nos ayuda a situarnos en el mundo, sino que la va a identificar con Dios mismo. Esa sabiduría estuvo presente en la creación y ha acompañado la historia del pueblo. Por eso, **la auténtica sabiduría está abierta a Dios.** Hemos visto que el deseo de plenitud del ser humano está en relación con Dios; del mismo modo, la sabiduría no puede entenderse sin la referencia divina.

La Sabiduría «es efluvio del poder de Dios, emanación pura de la gloria del Omnipotente; por eso, nada manchado la alcanza. Es irradiación de la luz eterna, espejo límpido de la actividad de Dios e imagen de su bondad. Aun siendo una sola, todo lo puede; sin salir de sí misma, todo lo renueva y va haciendo amigos de Dios y profetas» (Sab 7,25-27).

Jesús, el Hijo primogénito de Dios, nos muestra cómo alcanzar la salvación y nos desvela al Padre.

En esta presentación del libro de la Sabiduría, vemos que el autor la pone en relación con la comunión de Dios y exige una acogida por parte de la persona. Por eso, desde los comienzos del cristianismo **se ha asociado a Jesús con la Sabiduría divina.**

Jesús, como «la Palabra que se hace carne», es la personificación de la sabiduría. Es el único camino que nos muestra cómo alcanzar la plenitud y la salvación. Como Hijo primogénito de Dios, aparece dotado de autoridad y enseña como no lo había hecho ningún maestro anterior.

La fe en Jesús, sabiduría de Dios, conduce al conocimiento de Dios y cómo debemos actuar. **Jesucristo nos muestra la Buena Noticia** y nos desvela al Padre: «Nadie conoce al Hijo sino el Padre, y nadie conoce al Padre sino el Hijo y aquel a quien el Hijo se lo quiera revelar» (Mt 11,27).

El número 30 del Catecismo *Jesús es el Señor* explica que estamos llamados a vivir como hijos de Dios. El número 33 nos invita a amar a los demás como hermanos.

1. Busca en el libro de Proverbios distintas sentencias que completan las que hemos estudiado y destaca ideas que puede enriquecer y mejorar a la persona.
2. Haz una colección de refranes que conoces y contrasta esa colección con los proverbios que has trabajado en la actividad anterior.
3. Elabora cuáles son las características del sabio según la literatura sapiencial.
4. Después de todo lo trabajado ¿qué relación podemos establecer entre la sabiduría de Israel y la persona de Jesús?

Nos preparamos para leer la Biblia

La sabiduría es un tesoro

Prov 3,1-20

«Hijo mío, no olvides mi enseñanza, guarda en el corazón mis preceptos, pues te traerán largos días, años de vida y prosperidad.

Que no te dejen la bondad y la lealtad, llévalas colgadas al cuello, grábalas bien en el corazón…».

Para empezar

- Describe la ilustración.
- ¿Qué objetos aparecen?
- ¿Qué crees que significa esta imagen?

Pistas sobre el texto

Este texto es un poema sapiencial, lleno de consejos para la vida. No es un texto narrativo, no cuenta un suceso. Tal vez por eso sea más difícil de entender. Tiene metáforas y símbolos para explicar cuál es la verdadera sabiduría: hacer caso a Dios, seguir sus mandamientos, aceptar sus correcciones. Entonces, tendrás muchas riquezas y larga vida. La metáfora es una descripción de algo mediante una comparación, como decir que la sabiduría vale más que las piedras preciosas. Y los símbolos son imágenes que representan, por ejemplo, al que es sabio, como el que tiene una larga vida, o el que sigue el camino recto, el sendero del Señor.

Salomón, rey de Israel e hijo del rey David, tenía fama de ser sabio. Pidió a Dios que le diese sabiduría para saber gobernar. La tradición dice que él escribió este libro.

Vocabulario

Mandamientos: orientaciones concretas, normas para llevar una vida conforme a la voluntad de Dios. Por ejemplo, «Amarás a Dios sobre todas las cosas».

Aprecio: valor que se da a alguien o a algo.

Cosecha: conjunto de todos los bienes, normalmente agrícolas, que obtiene un labrador al final de un año de trabajo en el campo.

Granero: almacén de granos de cereal, la cosecha del labrador.

Corregir: avisar a alguien para que cambie de conducta o de actitud, si se refiere a una persona.

Trabajamos sobre el texto

- **Preparamos la lectura.** Antes de leer el texto, contestad estas preguntas en voz alta: ¿qué cosas pueden ser «un tesoro» para vosotros? ¿Existen tesoros que no se ven ni se tocan, como la sabiduría? ¿Consideráis un tesoro la actividad de aprender conocimientos de matemáticas, ciencias, lengua...?
- **Leemos el texto.** Primero, estad atentos a la lectura del profesor o de un compañero. Después, leedlo de forma individual. Intentad retener en la memoria una de las muchas frases que tiene, y que se parecen a los refranes o a los consejos de los ancianos.

1. Escoge entre estas frases la que mejor resuma el contenido del texto. Justifica tu elección.
   - Si sigues los mandamientos de Dios y no te disgustas cuando te corrige serás sabio.
   - La sabiduría es conseguir honores y riquezas, y larga vida.
2. Copia esta oración en tu cuaderno y complétala con las siguientes palabras para saber en qué consiste la verdadera sabiduría.
   - humilde • mal • amor • recto • felicidad • verdad

   La sabiduría consiste en tener una larga vida llena de ....., sin abandonar el ..... y la ....., teniendo presente al Señor en todo, siendo ....., apartándose del ..... y siguiendo el camino ......
3. Busca en el libro del Génesis y en el libro del Éxodo los hechos a los que alude el último versículo del texto que estamos comentado: «con su saber se abren los veneros y las nubes destilan rocío».

Todas las religiones tienen tradiciones que transmiten un patrimonio artístico y sapiencial de gran valor de generación en generación. En ellas hay monumentos, manifestaciones artísticas y experiencias de vida que todos debemos apreciar. También, como los libros sapienciales de la Biblia, tienen recopilaciones y libros de su sabiduría popular. Por ejemplo, seguramente habrás escuchado este proverbio oriental: «Si alguien te pide de comer, no le des un pez, dale una caña y enséñale a pescar».

Pistas para aprender a leer la Biblia

El libro de los Proverbios es un libro sapiencial. Los libros sapienciales tienen por objeto recoger la sabiduría del sentido común, la sabiduría popular extraída de la experiencia de la vida. Este libro de la Biblia tiene muy en cuenta la importancia de seguir los consejos y mandatos de Dios para ser feliz y tener larga vida. Jesús utilizó estos consejos y refranes en su predicación y enseñanza. En todos los pueblos existen libros o recopilaciones de este tipo. Por ejemplo, el refranero, en el que se proponen máximas morales y prácticas como «a quien madruga, Dios le ayuda», o «más vale pájaro en mano que ciento volando». En la Biblia hay otros libros sapienciales llenos de refranes, sentencias y consejos procedentes de la experiencia de la vida: el Eclesiastés, el Eclesiástico o Sirácida, y el libro de la Sabiduría. Lee alguna de sus páginas y descubre consejos o frases que también has escuchado a los mayores.

Jesús, la Sabiduría de Dios

En Navidad los creyentes recordamos que Jesús, el Verbo de Dios, se hizo carne y vivió como uno de nosotros. Él es la Sabiduría de Dios, el camino que nos muestra cómo llegar a la plenitud, el Mesías que nos trae la Salvación y el Hijo de Dios que nos desvela al Padre y nos promete el Espíritu Santo.

Los cristianos creemos en un Dios que se da a sí mismo para compartir con todos su infinita bondad y su felicidad. Dios se nos da de muchas maneras, pero hace más de 2000 años lo hizo de una forma muy especial. Él mismo se hizo carne humana, se encarnó y se hizo hombre. Jesús es el Hijo de Dios que vino al mundo para continuar el plan de salvación que Dios tiene para toda la humanidad.

1. Expresa con tus palabras qué significa la afirmación «Jesús es la Sabiduría de Dios».
2. Lee el texto de Jn 1,1-18 y muestra la relación con todo lo que hemos leído en esta página y con la celebración de Navidad.

Nuestro Dios no es un ser extraño que vive en el cielo alejado de las personas, es un Dios que se compromete con las personas, que interviene en la historia humana para ayudarnos a ser felices. Es un Dios amor, es un Dios responsable, es Padre y actúa como lo hacen los buenos padres con sus hijos.

El Hijo de Dios nació en un humilde pesebre de un pequeño pueblo. Nació entre los pobres y sencillos, como uno de ellos... Después, con su vida, sus palabras y acciones mostraba a todos cómo es Dios y los invitaba a vivir como verdaderos hijos, viviendo los valores del Reino. Para Dios todos somos iguales, todos somos hijos de un mismo Padre y su salvación es para todos. En las bienaventuranzas, Jesús nos mostró la centralidad de Dios y la necesidad de fe en Él.

Jesús, con su vida, nos enseñó a vivir como hombres y mujeres plenos, llenos de humanidad parecidos a Dios. Jesús es Dios pero también ha sido el hombre más pleno.

Esta importancia de la Navidad para los creyentes se ha plasmado en numerosas costumbres culturales que tienen a Jesús como protagonista. Así hay localidades donde la celebración de las fiestas de Navidad se convierte en un hecho social y se organiza representaciones (como los belenes vivientes) o montajes (como el belén de san Lorenzo del Escorial). Sin embargo, para los cristianos la mejor forma de celebrar la Navidad es en las celebraciones litúrgicas y leyendo la Palabra de Dios.

RECORDAMOS

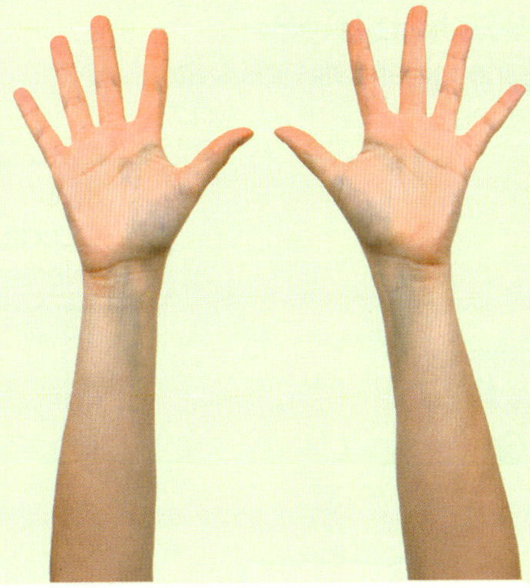

1 **En pequeños grupos, elaborad un libro con sentencias, refranes y proverbios que conocéis.**

- En primer lugar, pensad unos cuantos de forma individual.
- Después, compartid y copiad todos los que aparezcan sin repetir.
- Pregunta en tu entorno y anota los que te digan.
- Escribidlos y ponedlos en forma de libro.
- ¿Hay alguna referencia a Dios? ¿Cómo aparece?

2 **Copia en tu cuaderno el mapa conceptual de la unidad y complétalo. Después, amplía el contenido con lo que has aprendido.**

La sabiduría de Dios
The wisdom of God

- Es un don de Dios.
  It is a gift of .....
- Aparece en los libros sapienciales.
  It is found in the ..... of Wisdom.
- Se expresa en sentencias, refranes y proverbios.
  It is expressed in maxims, sayings and .....
- Enriquece a la humanidad.
  It enriches .....

- Jesús, Sabiduría de Dios.
  Jesus, ... of God.
- Nos trae la Salvación.
  He brings us .....
- Responde a nuestro deseo de plenitud.
  He answers our ..... for fullness.

LA HISTORIA DE LA IGLESIA

Desde Jesús hasta la caída del Imperio romano de Occidente

Jesucristo

San Pablo

64 Persecución de Nerón

100

Siglo II Comienzo del arte paleocristiano

200 Muerte de Galeno, médico griego

Personaje

San Pablo

Pablo de Tarso era un judío que comenzó persiguiendo a los cristianos, pero después de un encuentro con Jesús resucitado se convirtió al cristianismo. Pablo sintió la necesidad de extender el mensaje de Jesús más allá de Palestina y fundó comunidades de cristianos por el Mediterráneo, llegando incluso hasta Roma. Así comenzó la expansión de la Iglesia por todo el mundo.

Acontecimiento

Persecución de Nerón

En el año 64 un incendio arrasó la ciudad de Roma. El pueblo acusó al emperador Nerón como causante del mismo, pero este echó la culpa a los cristianos. Así comenzó esta persecución que duró hasta el año 68 y que costó la vida a muchos cristianos, entre otros a Pedro y a Pablo.

Arte

Paleocristiano

El arte paleocristiano es el arte de los primeros cristianos. Se desarrolló entre los siglos II y III después de Cristo. Se encuentra entre el arte del mundo antiguo y el arte cristiano, que dominará en la Edad Media. Durante los años de persecución del cristianismo este arte se hacía sobre todo en las catacumbas y en las casas privadas. Cuando el cristianismo fue reconocido, se utilizó en templos, basílicas, sepulcros...

235-284
Período de anarquía militar en el Imperio romano

300

400

476
Caída del Imperio romano de Occidente

313
Edicto de Milán

431
Concilio de Éfeso

Edificación

La basílica

Las basílicas tienen su origen en la antigua Grecia y en Roma. Eran grandes edificaciones de planta rectangular que ocupaban un lugar importante en las ciudades y solían emplearse para celebrar juicios o reuniones de las autoridades. Los cristianos utilizaron el mismo tipo de construcción para edificar templos. Un ejemplo es la Basílica de San Clemente de Letrán (en la imagen).

Símbolo

Crismón

El crismón es un antiguo símbolo de los cristianos que se puede contemplar en muchos templos antiguos. Se comenzó a emplear en las monedas romanas después de que, en el año 313, el emperador Constantino permitiera la libertad de culto y, por tanto, los cristianos pudieran profesar públicamente su religión. El crismón es la unión de las dos primeras letras de Cristo en griego: la X y la P se unen y forman una especie de logotipo que significa 'Cristo'.

Concilio

Éfeso

Uno de los concilios más importantes en la historia de la Iglesia es el de Éfeso, que se celebró en el año 431. En este concilio quedaron reconocidas las dos naturalezas de Cristo en una sola persona. Es decir, que Jesús era verdadero hombre y verdadero Dios. Además, en este concilio se reconoció a María como madre de Dios.

COOPERAMOS PARA APRENDER

Estamos escribiendo algunas letras para nuestras nuevas canciones. Ya hemos terminado el primer trimestre. ¿Qué os parece si, en equipos, recordamos todo lo que hemos descubierto en estas primeras unidades?

MEJOR ENTRE TODOS

Ya sabemos lo interesante que resulta el trabajo en equipo y tenemos claras sus ventajas; entre ellas, poder aportar ideas desde puntos de vista diferentes, la posibilidad de repartir las tareas entre todos y, en especial, compartir el trabajo con ilusión.

Pero también es bueno que exista una cierta organización para conseguir mejores resultados. Este curso os proponemos que dos personas de vuestro grupo adopten unas responsabilidades concretas:

- **El moderador:** es la persona que se encarga de coordinar las reuniones del grupo, organiza la forma de elegir los temas que se van a tratar y el trabajo que se va a realizar, establece los turnos de palabra en las intervenciones, controla que algunos no sean los únicos que hablan, media cuando existe algún conflicto…
- **El secretario:** es quien recoge las ideas que van surgiendo en el trabajo y se encarga de presentar más adelante un resumen de ellas a todos. Otra de sus funciones es recordar las decisiones que se han tomado sobre algún tema.

¡Pues manos a la obra! Tal y como os indique vuestro profesor o profesora, haced grupos. Después, decidid quién asume las funciones que antes os presentábamos… Os las podéis intercambiar a lo largo del curso.

MEJOR ENTRE TODOS

Para sentiros más unidos, podéis buscar un nombre para el grupo y elegir algo que os identifique. Acordaos de que nosotros hemos elegido este año nuestras pulseras por ese motivo.

En la Unidad 1 vimos que a lo largo de la historia las personas se han preguntado sobre el porqué de las cosas: de la vida, la muerte, el paso del tiempo, la naturaleza, el mal, el sufrimiento... La ciencia puede explicar muchas de las cosas que vemos y que nos suceden, pero no es capaz de responder a todas las cuestiones sobre las que nos planteamos preguntas. Los cristianos creemos que la ciencia y la fe son complementarias y que ambas se apoyan mutuamente para ayudarnos a comprender la vida y el mundo.

GRUPOS DE INVESTIGACIÓN

Taller creativo: Actualizamos los relatos de la Creación

En las páginas 14 y 15 trabajamos sobre los relatos de la creación que encontramos en la Biblia (Gén 1,1-2,3). Estos quieren transmitir un mensaje fundamental: Dios crea el Universo y la vida por amor. Para los cristianos, estos relatos no entran en conflicto con las teorías científicas del origen del mundo y de la evolución de las especies. La ciencia responde al cómo surge el Universo y la vida. La Biblia responde al porqué (origen) y para qué (destino) del Universo y la vida.

- En equipos respondemos a las siguientes cuestiones en el cuaderno:
  - ¿Qué dice la ciencia sobre cómo surge el Universo y la vida? (Una pista: para responder a esta pregunta podemos buscar información en internet sobre la teoría del *Big Bang* y la teoría de la evolución de las especies).
  - ¿Qué dice la Biblia sobre el porqué y el para qué surge el Universo y la vida?
- Elaboramos un nuevo relato de la Creación actualizado, es decir, uniendo el mensaje central que propone la Biblia y las teorías científicas actuales que hemos investigado.

COOPERAMOS PARA APRENDER

En la Unidad 2 aprendimos que utilizamos la palabra *religión* para referirnos a distintas manifestaciones de encuentro de las personas con un ser superior o Misterio, al que los cristianos llamamos Dios. Y que a lo largo de la historia de la humanidad han sido muchas y muy variadas las formas de religión.

GRUPOS DE INVESTIGACIÓN

Investigamos sobre diferentes tradiciones religiosas

Os invitamos a conocer los diferentes templos de cada religión estudiada. Por equipos, vamos a investigar en internet sobre una de las religiones:

- Religiones monoteístas: judaísmo, cristianismo e islam.
- Religiones místicas: hinduismo y budismo.

De cada una de ellas incluiremos la siguiente información:

- Número de seguidores en el mundo.
- Zona del mundo en la que está presente de forma mayoritaria.
- Templo donde se reúnen sus fieles, estructura y partes.
- Ritos y celebraciones que llevan a cabo en los templos.
- Ilustraremos con imágenes.

PANEL DE EXPERTOS

Después crearemos un panel de expertos sobre las religiones del mundo a través de una mesa redonda.

- Un representante de cada grupo formará parte del panel.
- Presentará ante sus compañeros los hallazgos de su investigación.
- Después, los alumnos plantearán preguntas a los expertos.
- Un alumno ejercerá de moderador de la mesa redonda.

La clase de religión es un espacio donde podemos aprender de la sabiduría de muchas tradiciones religiosas y en el que descubrimos la novedad del mensaje de Jesús. Solo quien conoce este mensaje puede decidir en libertad si quiere vivir al estilo de Jesús o no.

Un año más llega la Navidad. En esta época los cristianos recordamos que creemos en un Dios que se da a sí mismo para compartir con todos su infinita bondad y su felicidad. Es tiempo de compartir también la alegría que llena estas fechas.

LECTURA COMPARTIDA

Compartimos la alegría de celebrar la Navidad

Como ya sois los mayores de Primaria, os invitamos a preparar algo especial para todo el colegio. Os sugerimos que compartáis la alegría de celebrar la Navidad desde la profundidad de vuestro corazón. Para esta tarea os van a resultar muy valiosas las palabras del papa Francisco.

Seguiremos los siguientes pasos:

1. Creamos ambiente de calma y leemos este mensaje del Papa acerca de la Navidad.
2. Dialogamos sobre este mensaje. Cada frase hace alusión a una doble realidad:
   - Una realidad superficial que podemos ver, oír, tocar, gustar y oler.
   - Una realidad profunda que hace referencia a las actitudes, sentimientos y acciones de las personas.
3. Cada equipo elige dos o tres frases de este mensaje.
4. Escribimos cada frase en una cartulina y la acompañamos con un dibujo o adorno que haga referencia a esa realidad que podemos captar con los sentidos.
5. Finalmente compartimos estos mensajes con los compañeros de todo el colegio.

Mensaje del papa Francisco acerca de la Navidad

«La Navidad suele ser una fiesta ruidosa: nos vendría bien un poco de silencio, para oír la voz del Amor».

Navidad eres tú, cuando decides nacer de nuevo cada día y dejar entrar a Dios en tu alma. El árbol de Navidad eres tú, cuando resistes vigoroso a los vientos y dificultades de la vida. Los adornos de Navidad eres tú, cuando tus virtudes son colores que adornan tu vida. La campana de Navidad eres tú cuando llamas, congregas y buscas unir. Eres también luz de Navidad, cuando iluminas con tu vida el camino de los demás con la bondad, la paciencia, la alegría y la generosidad.

Los ángeles de Navidad eres tú, cuando cantas al mundo un mensaje de paz, de justicia y de amor. La estrella de Navidad eres tú, cuando conduces a alguien al encuentro con el Señor. Eres también los reyes Magos, cuando das lo mejor que tienes sin importar a quién. La música de Navidad eres tú cuando conquistas la armonía dentro de ti. El regalo de Navidad eres tú, cuando eres de verdad amigo y hermano de todo ser humano. La tarjeta de Navidad eres tú, cuando la bondad está escrita en tus manos. La felicitación de Navidad eres tú, cuando perdonas y restableces la paz, aun cuando sufras. La cena de Navidad eres tú, cuando sacias de pan y de esperanza al pobre que está a tu lado. Tú eres, sí, la noche de Navidad, cuando, humilde y consciente, recibes en el silencio de la noche al Salvador del mundo sin ruidos ni grandes celebraciones; tú eres sonrisa de confianza y de ternura, en la paz interior de una Navidad perenne que establece el Reino dentro de ti. Una muy Feliz Navidad para todos los que se parecen a la Navidad.

4 Jesús revela al Padre

Hoy ha venido a clase de Pedro y Li un importante médico que ha recibido el premio Nobel por inventar una valiosa vacuna que ha salvado a miles de personas.

Mira lo que hay
a tu alrededor,
ahora presta mucha atención…

Para ser un buen explorador…
… y seguir el ejemplo de Jesús:

- Me preparo en silencio
- Abro los ojos y observo
- Comparto lo que veo
- Pienso

Me hago preguntas:
¿qué están haciendo en clase?
¿En qué actitud se encuentran?

1 Preguntas para el diálogo

- ¿Quién ha ido de visita a clase de Pedro y Li?
- ¿Qué es el premio Nobel?

Hay personas que destacan debido al fruto de su esfuerzo y de su trabajo. El efecto que producen suele ser primero de admiración y de reconocimiento por los logros alcanzados, pero después se convierten en ejemplo y provocan en las personas una necesidad de imitarlas. Quizá no llegarán a los niveles de estos protagonistas de la historia, pero las actitudes que generarán en ellas serán beneficiosas para el conjunto de la sociedad.

Jesús, por su condición de Hijo de Dios, proclamó su mensaje de Salvación. Esta noticia interpeló a los que lo rodeaban. Lo creyeran o no, muchas de las personas que lo escuchaban se sintieron influidas por Él e intentaron llevar a cabo sus enseñanzas, que invitaban a convertirse a Dios de corazón. Hoy en día, Jesús sigue siendo un ejemplo de vida.

2 Trabajamos juntos: investigamos en internet sobre el premio Nobel

- Elaboramos en equipo un documento que recoja los siguientes aspectos:
  - Breve explicación de lo que es el premio Nobel.
  - Descripción de los valores comunes que tienen las personas que lo ganan.
  - Elegimos a una de las personas que haya ganado este premio y describimos su aportación a la humanidad. Después, razonamos por qué es un buen ejemplo.

Tu grupo pop preferido

3 DE FEBRERO

Te necesito

Publicado por The Agapes

Sin otras personas con las que compartir, nos sentimos vacíos. Muchas de ellas se convierten en modelos para nosotros. Hemos estado practicando con una canción de Luis Miguel, *Te necesito*, cuya letra habla de esa necesidad de tener a otros cerca.

«Yo te necesito
como el aire que respiro,
como huella en el camino,
como arena al coral.
Te necesito.
Como el cielo a las estrellas
y el invierno al frío».

Comentario

Marc dice:

Todos necesitamos a alguien con quien compartir la vida. Por cierto, muy bonita la canción...

03.02.16 a las 19:04

2 DE FEBRERO

Jesús tiene muchos nombres

Publicado por Pedro

Hoy en catequesis nos hemos dedicado a buscar los nombres con los que nos referimos a Jesús:

- Jesús, que significa 'Dios Salva'.
- Hijo de Dios, porque Jesús habla de Dios como su Padre.
- Cristo, que en griego es 'ungido', persona elegida.
- Emmanuel, que quiere decir 'Dios con nosotros'.

Estamos seguros de que vosotros conocéis más nombres. Nosotros también hemos descubierto más, pero estos son los que hemos elegido como más importantes.

We're sure you all know more names. We were able come up with more, but these are the ones we have decided the most important.

25 DE ENERO

Tenemos una foto con nuestro ídolo

Publicado por Elisa

Cuando alguien se convierte en un ídolo, todos sentimos una necesidad irresistible de hacernos una foto con él si tenemos la suerte de encontrarlo en nuestro camino. A nosotros nos pasa lo mismo. El otro día estuvimos en el homenaje a un ciclista de nuestro pueblo que ha ganado el Tour de Francia. Aquí os dejamos la foto que demuestra que estuvimos con él.

Comentario

Marc dice:

¡Qué suerte que os hayáis podido hacer una foto con él! Es un deportista excepcional, con un afán de superación increíble…

25.01.16 a las 23:02

20 DE ENERO

Lo que nos gustaría escuchar…

Publicado por Moussa

Hoy en clase hemos hablado de cómo nos sentimos a nuestra edad. Muchas veces los que están a nuestro lado piensan que todo nos da igual, que somos unos rebeldes sin sentido. Nuestro profe le ha dado la vuelta y nos ha pedido que escribiéramos lo que necesitamos escuchar de los demás, especialmente de nuestros padres y de los que están a nuestro lado. Al final hemos acordado que hay cinco cosas que nos gustaría escuchar a menudo:

- «Estamos orgullosos de ti». Necesitamos afianzar nuestra autoestima.
- «Aquí estamos». Nos gusta sentir que hay alguien a nuestro lado.
- «Queremos comprenderte». Tenemos la necesidad de que hagan el esfuerzo de entendernos.
- «Confiamos en ti». Cada vez somos más mayores y queremos sentirnos responsables.
- «Te queremos». Sentirnos amados da sentido a nuestra vida.

¿Os sentís identificados? ¿Creéis que hay que añadir algo o que sobra algo? Pensad en ello; a lo mejor es bueno que se lo digamos a nuestras familias.

Jesús, verdadero Dios y verdadero hombre

Dios se entregó a la humanidad a través de su Hijo Jesús. Dios se hizo hombre en Jesús, se hizo como uno de nosotros y compartió con nosotros la historia, el pensamiento, las emociones, la cultura, las relaciones personales... Como ya hemos indicado, Jesús desvela con sus gestos y sus palabras cómo es el Padre y nos ofrece el camino que debemos seguir para llegar a Él.

Jesús y los evangelios

Los evangelios son la mejor **fuente** que tenemos para conocer a Jesús. Los evangelistas recogieron de primera mano los recuerdos, los relatos y los testimonios conocidos acerca de la vida de Jesús. En la Biblia hay **cuatro evangelios**: Mateo, Marcos, Lucas y Juan. Los tres primeros son los llamados **sinópticos**, pues sus textos coinciden en muchas ocasiones.

Los evangelios no pueden ser leídos como una biografía de Jesús, pues no era ese su objetivo, aunque sí nos dan datos históricos acerca de su vida. Los evangelios nos narran la **experiencia personal** que tuvieron de Jesús las personas que vivieron junto a Él. Además los evangelistas escribieron sus evangelios para contar a un grupo de personas la Buena Noticia de Jesús, así que, al **contarla**, tenían en cuenta cómo eran y qué estaban viviendo esas personas. Por eso en ocasiones podemos encontrar versiones algo **diferentes** de un mismo acontecimiento, o bien que no todos los evangelistas narran los mismos hechos.

¿Sabías que...?

Para entender mejor qué son los evangelios podemos poner el ejemplo de unos chicos que están de campamento y escriben a sus familiares para contarles su experiencia. No todos contarán lo mismo, aunque muchos cuenten cosas parecidas. También será distinto su lenguaje y lo que cuentan dependiendo de a quién escriban...

Los evangelios nos cuentan que Jesús era verdadero Dios

Jesús actuaba de tal manera que la gente se quedaba desconcertada. Curaba enfermos, hacía milagros, hablaba con autoridad, llamaba Padre a Dios... Muchos pusieron en Él sus esperanzas. ¿Sería Jesús el Mesías prometido? En los evangelios encontramos referencias en las que se reconoce a Jesús como Hijo de Dios.

En boca del ángel: «Y María dijo al ángel: "¿Cómo será eso, pues no conozco varón?". El ángel le contestó: "El Espíritu Santo vendrá sobre ti, y la fuerza del Altísimo te cubrirá con su sombra; por eso el Santo que va a nacer **será llamado Hijo de Dios**"». (Lc 1,34-35)

En boca de Dios: «Apenas se bautizó Jesús, salió del agua; se abrieron los cielos y vio que el Espíritu de Dios bajaba como una paloma y se posaba sobre él. Y vino una voz de los cielos que decía: "**Este es mi Hijo amado**, en quien me complazco"». (Mt 3,16-17)

En boca de un soldado romano: «El centurión, que estaba enfrente, al ver cómo había expirado, dijo: "Verdaderamente este hombre **era Hijo de Dios**"». (Mc 15,39)

Los evangelios nos cuentan que Jesús era verdadero hombre

Jesús vivía como un hombre de su tiempo. En los evangelios encontramos textos que nos hablan de la humanidad de Jesús.

Nació de una mujer: «Y sucedió que, mientras estaban allí, le llegó a ella el tiempo del parto y **dio a luz** a su hijo primogénito, lo envolvió en **pañales** y lo **recostó** en un pesebre, porque no había sitio para ellos en la posada». (Lc 2,6-7)

Eligió a sus amigos: «Jesús subió al monte, **llamó a los que quiso** y se fueron con él. E instituyó doce para que estuvieran con él». (Mc 3,13-14)

Quería a sus amigos: «Jesús **amaba** a Marta, a su hermana y a Lázaro». (Jn 11,5)

Se enfadó y expulsó a los mercaderes: «Entró Jesús en el templo y **echó fuera** a todos los que vendían y compraban en el templo, volcó las mesas de los cambistas y los puestos de los vendedores de palomas». (Mt 21, 12)

Sintió hambre, sed, cansancio, sueño...: «De mañana, camino de la ciudad, tuvo **hambre**». (Mt 21,18) «Después de esto, sabiendo Jesús que ya todo estaba cumplido, para que se cumpliera la Escritura, dijo: "Tengo **sed**"». (Jn 19,28) «Allí estaba el pozo de Jacob. Jesús, **cansado** del camino, estaba allí sentado junto al pozo. Era hacia la hora sexta». (Jn 4,6) «En esto se produjo una tempestad tan fuerte, que la barca desaparecía entre las olas; él **dormía**». (Mt 8,24)

Jesús también demuestra su humanidad cuando siente la necesidad de rezar o cuando explica a la gente que es preciso tratar al prójimo como si fuera un hermano.

Para conocer a Jesús también podemos acudir a las Cartas de san Pablo. Fue una persona que se dejó transformar por Jesús y que se dedicó a dar a conocer su mensaje a las primeras comunidades de cristianos.

1. **Busca las siguientes citas y léelas. Después, comenta qué personaje afirma en los evangelios que Jesús es el Hijo de Dios.**
   - Mc 14,61
   - Mc 9,2-7
   - Lc 1,31-32
   - Mt 27,40-43
2. **Busca estas citas y léelas. Después, explica por qué nos demuestran la humanidad de Jesús.**
   - Mt 4,2
   - Lc 2,40-52
   - Mc 10,21
   - Jn 11,28-37
3. **Define las siguientes palabras. Después, mejora tu definición con ayuda de un diccionario.**
   - Evangelio
   - fuente
   - sinóptico
   - biografía
4. **En equipos, haced una composición plástica tipo *collage* en la que, mediante dibujos, símbolos, palabras, texturas..., expreséis esta idea: Jesús, verdadero Dios, verdadero hombre.**

El número 11 del Catecismo *Jesús es el Señor* explica que Jesús es Dios y hombre verdadero.

Nos preparamos para leer la Biblia

Si me conocéis, también conoceréis a mi Padre

Jn 14,6-31

«Jesús le responde: "Yo soy el camino y la verdad y la vida. Nadie va al Padre sino por mí. Si me conocierais a mí, conoceríais también a mi Padre. Ahora ya lo conocéis y lo habéis visto". Felipe le dice: "Señor, muéstranos al Padre y nos basta"».

Para empezar

- Describe la ilustración.
- ¿Cómo se llama esta manifestación de Dios en la que hay «tres personas»?
- ¿Qué elementos o características identifica a cada una?
- ¿Por qué se dice que esto es un «misterio»?

Pistas sobre el texto

Este texto es largo, y en algunos momentos parece repetir lo mismo. Jesús habla en paralelo del Padre y de él mismo. Cuenta las veces que dice Padre y comprenderás la importancia que tiene para Jesús esta forma de llamar a Dios. En el texto hay dos partes: en la primera insiste en que si vemos, escuchamos, imitamos y seguimos a Jesús, estamos viendo, escuchando, imitando y siguiendo a Dios. Y en la segunda resuelve el problema de que, cuando Jesús ya no esté, el Padre enviará al Espíritu Santo en su nombre, para recordarnos lo que dijo Jesús y darnos fuerzas para seguirle.

Vocabulario

Camino: Jesús es el camino, la dirección que tenemos que seguir para ser felices.

Verdad: Jesús es la seguridad, la certeza de cómo ser persona según la voluntad de Dios.

Vida: Jesús es el modelo de persona que Dios nos propone.

Paráclito: el que ayuda en las dificultades de la vida, sobre todo para no perder el sentido de la vida. Se refiere al Espíritu Santo.

Mundo: en este texto se refiere a las personas que no creen en Dios, que no aceptan que Jesús es Hijo de Dios.

Trabajamos sobre el texto

- **Preparamos la lectura.** Antes de leer el texto, contestad estas preguntas en voz alta: ¿por qué los hijos se parecen a los padres? ¿Cómo se sentirán los hijos si sus padres se olvidan de ellos, y cómo se sentirán los padres, si sus hijos hacen lo mismo? ¿Por qué llamaba Jesús a Dios, Padre?
- **Leemos el texto.** Leedlo primero de manera individual. Buscad las palabras o expresiones que no entendáis y comentadlas con los compañeros. Después, leedlo en voz alta.

El Espíritu Santo se simboliza con una paloma, pero tiene otros símbolos que recuerdan su presencia, su enseñanza y su acción entre los seguidores de Jesús, como dice el texto. También se simboliza en la llama de fuego, que da energía y transforma al que lo recibe; en el aceite, o en su unción, signo sacramental de la Confirmación, porque da la fuerza para vivir como Jesús; también con el rayo de luz y la nube, el agua del Bautismo, la mano que se impone sobre la cabeza, o el dedo de Dios.

1. Escribe en tu cuaderno las relaciones que tiene Jesús con su Padre. De ese modo, sabemos quién es Dios Padre. Por ejemplo: conocer a Jesús es conocer al Padre…
2. Escribe qué les ocurre a los que son de este mundo. Compáralo con los que siguen a Jesús.
3. Escribe el versículo 14,6. Piensa y después contesta a estas preguntas: ¿por qué esta frase inicial resume todo lo que viene después? Escribe con tus propias palabras, diferentes de las del Evangelio, que Jesús es el camino, la verdad y la vida.
4. En grupo pensad en qué acciones se manifiesta que el Espíritu Santo está en los cristianos hoy, como dice el texto «porque mora con vosotros y está en vosotros». Realizad una presentación o mural en el que haya una ilustración y una frase que la explique.

Pistas para aprender a leer la Biblia

Al leer los evangelios debemos ser conscientes de que su pretensión no es contarnos la vida de Jesús sin más. Los evangelios están escritos como testimonio de fe en Jesús. San Juan dice al final de su relato: «Muchos otros signos, que no están escritos en este libro, hizo Jesús a la vista de los discípulos. Estos han sido escritos para que creáis que Jesús es el Mesías, el Hijo de Dios, y para que, creyendo, tengáis vida en su nombre» (Jn 20,30-31).

Sus autores querían transmitir a las comunidades a las que se dirigían que Jesús era el Hijo de Dios que Él había enviado para traernos la Salvación. Por eso no debemos acercarnos a ellos como si fuésemos a leer una biografía de Jesús.

Jesucristo desvela a Dios

Jesús es el mejor camino para conocer a Dios. En efecto, los cristianos perciben en los gestos y palabras de Jesús el acceso definitivo a Dios. Y esto es así porque Jesús es el Hijo de Dios («A Dios nadie le ha visto jamás. El Hijo único que está en el seno del Padre, él lo ha contado» Jn 1,18). La encarnación de Dios no solo realiza nuestra salvación sino que nos muestra a Dios increíblemente cercano.

«El Hijo no puede hacer nada por su cuenta sino lo que viere hacer al Padre. Lo que hace este, eso mismo hace también el Hijo, pues el Padre ama al Hijo y le muestra todo lo que él hace. Lo mismo que el Padre resucita a los muertos y les da vida, así también el Hijo da vida a los que quiere» (Jn 5,19-21).

Jesús no habla de Dios de forma abstracta sino que se refiere a él en situaciones concretas buscando siempre los signos de su presencia en el mundo.

Dios como Padre

En los gestos y palabras de Jesús se descubre que Dios es Padre. Jesús se dirige a Dios con la expresión Abba, que es término con el que los niños judíos solían dirigirse a sus padres. Pone el acento así en la cercanía de Dios a cada una de sus hijos y en cómo su paternidad nos hace a todos hermanos.

Al llamar a Dios Padre hace referencia al Creador como origen de todo y como fuente de nuestra vida y garante de nuestra existencia.

Un buen ejemplo de esta forma de entender a Dios es la oración del Padre nuestro que Jesús enseñó a sus seguidores (Lc 11,1-4).

Anuncia a un Dios cercano y familiar, al que se puede acudir con la confianza de un niño. (Mt 11,25; Lc 10, 21). Un Dios que busca al pecador, que prefiere a los marginados de este mundo, que derriba a los poderosos (Mt 21,31; Lc 1,52-53).

Dios, Padre misericordioso

Jesús mostró que Dios es un padre misericordioso que hace salir el sol «sobre justos e injustos». Él es fiel a su alianza y busca continuamente que el ser humano se arrepienta de su infidelidad y vuelva hacia Dios para recibir el abrazo del Padre. Así nos lo muestra un pasaje muy significativo a la hora de acercarnos cómo desveló Jesús a Dios: las parábolas de la misericordia de Lc 15.

Por tanto, Dios quiere que sus hijos sean felices, alcancen la plenitud y se vean libres del pecado y de la muerte. Para ello les entrega a su propio Hijo para que por Él, podamos llega al Padre.

Dios es amor

En numerosas ocasiones, Jesús desvela a Dios como amor, por ello el amor ocupa un lugar tan central en las acciones y palabras de Jesús. Por ello, en la última cena Jesús dirá a los discípulos: «Os doy un mandamiento nuevo: que os améis unos a otros como yo os he amado (Jn 13,34).

Jesús, mostró el amor de Dios a todos, especialmente a los pobres y marginados, llevó su compasión a los que sufrían y ofreció el perdón a los pecadores.

1. Lee la oración del Padre nuestro y entresaca lo que afirma sobre Dios.
2. Busca estos relatos del evangelio de Juan frases que expresan la relación de Jesús con el Padre: Jn 14,1-11; 15,1-17; 17,1-25. ¿Cómo presenta Jesús a Dios en estos relatos?

RECORDAMOS

1 **En pequeños grupos, preparad una obra de teatro sobre algunos momentos importantes de la vida de Jesús.**

- Elegid el pasaje que vais a representar.
- Preparad un pequeño guion.
- Buscad el atrezo necesario para la obra.
- Ensayad las veces que consideréis necesarias.
- Buscad un día para que cada grupo represente lo que ha preparado.

2 **Copia en tu cuaderno el mapa conceptual de la unidad y complétalo. Después, amplía el contenido con lo que has aprendido.**

Jesús, verdadero Dios y verdadero hombre
Jesus, true God and true man

- Conocemos a Jesús en los .....
  We learn about Jesus from the .....
  - Hay ..... evangelios.
    There are ..... Gospels.
    - Tres son .....: Mateo, Marcos y Lucas.
      There are three ..... Gospels: Matthew, Mark and Luke.
      - No son una ..... de Jesús. Narran una ..... personal.
        They are not a ..... of Jesus. They tell a personal .....
  - Dicen que Jesús es el ..... de Dios.
    They tell us that Jesus is the ..... of God.
    - Muestran la ..... de Jesús.
      They show the ..... of Jesus.

5 Jesús cumple el plan de Dios

Algunos compañeros de Elisa y Moussa deciden faltar a clase y les invitan también a ellos a pasar la mañana en el parque.

Nos han dado la vida
un regalo de Dios.
Nos han dado la libertad
de amar…

Para ser un buen explorador…
… y amar a los demás:

- Me preparo en silencio
- Abro los ojos y observo
- Comparto lo que veo
- Pienso
- Me hago preguntas: ¿qué ocurre en la escena? ¿Qué actitud tienen los personajes que aparecen en ella?

1 Preguntas para el diálogo

- ¿Qué título pondrías a esta escena?
- ¿Te resulta familiar esta situación?

Vivimos en una sociedad en la que tenemos la suerte de gozar de una gran libertad de elección para decidir lo que queremos hacer en nuestra vida. Algunos prefieren hacer lo que les resulta más apetecible en cada momento, sin tener en cuenta lo que ello repercuta en los que viven a su alrededor. A la hora de realizar una opción en libertad, hemos de considerar las repercusiones de dicha elección.

Todos tenemos unos derechos, pero también unos deberes. Si dejamos de lado nuestros deberes para fijarnos solo en los derechos, entramos en conflicto con las necesidades de los demás. Podemos fijarnos en personas que han tenido claro que sus obligaciones estaban por encima de sus propios beneficios. Seguro que Jesús, haciendo uso de su libertad como hombre, habría rechazado el sufrimiento de sus últimos días; sin embargo, tenía claro cuáles eran sus obligaciones para responder a lo que Dios esperaba de Él.

2 Trabajamos juntos: valoramos los efectos del amor y del egoísmo en las relaciones humanas

1. Creamos ambiente de calma.
2. Imaginamos cómo sería un mundo donde solo hubiera egoísmo.
3. Imaginamos cómo sería un mundo en el que todos nos amáramos y deseáramos lo mejor para los demás.
4. Ponemos en común las ideas.
5. Escribimos las consecuencias:
   – En un mundo con egoísmo…
   – En un mundo con amor…

Tu grupo pop preferido

27 DE FEBRERO

Pensar en los demás nos beneficia

Publicado por Pedro

En clase nos han entregado estas viñetas para hablar sobre ellas. Hemos llegado a unas conclusiones muy interesantes. Cuando nos preocupamos únicamente de obtener nuestro propio beneficio, muchas veces nos olvidamos de que los demás también tienen sus propios intereses. El hecho de dialogar y hablar sobre los intereses de todos nos ayuda a tomar decisiones que repercuten positivamente en todos. A ver lo que os sugiere a vosotros...

20 DE FEBRERO

Un velero llamado Libertad

Publicado por Elisa

Muchas canciones hablan sobre la libertad. Algunas de ellas la entienden de una forma que no nos convence demasiado. Hemos estado escuchando unas cuantas. José Luis Perales escribió en 1979 una que se titula *Un velero llamado Libertad*. Habla de alguien que va en busca de la libertad, pero llega un momento en el que se da cuenta de que no hay que ir lejos para encontrarla porque está dentro de cada uno. ¿Qué os parece a vosotros?

«Y se marchó y a su barco
le llamó "Libertad"
y en el cielo descubrió gaviotas
y pintó estelas en el mar.

And he set off and he called
his boat *Freedom*
and he spotted seagulls in the sky
and he left a wake behing him in the sea.

Su corazón buscó una forma
diferente de vivir
pero las olas le gritaron:
¡vete con los demás!
Y se durmió y la noche
le gritó: ¿dónde vas?
y en sus sueños dibujó gaviotas
y pensó: ¡hoy debo regresar!».

15 DE FEBRERO

Fotografía de amigos

Publicado por The Agapes

Hace unos años tuvimos que hacer una elección muy importante para nosotros. Elegimos a nuestros amigos y decidimos formar un grupo que, por encima de la música, nos ayuda a ser cada día más felices. No os extrañará que digamos que los cuatro somos nuestros «mejores amigos». Hemos querido hacernos una foto que lo demuestre, y la verdad es que nos ha gustado el resultado, expresa muy bien lo que sentimos...

10 DE FEBRERO

Amar al prójimo...

Publicado por Li

Hay algo que hemos oído un montón de veces, que tenemos que amar al prójimo. Cuando escuchamos esta palabra, «prójimo», nos resulta un poco lejana porque parece que se trate de personas alejadas de nosotros. En catequesis hemos estado pensando en quién es en realidad nuestro prójimo, aquel al que tenemos que amar. Hemos llegado a estas conclusiones:

- Nuestro prójimo son nuestros padres y nuestra familia. Muchas veces están tan cerca de nosotros que nos olvidamos de hacer cosas que les demuestren que los queremos.
- También lo son nuestros compañeros y compañeras de clase, con los que nos encontramos cada día. Pero no solo los que son nuestros mejores amigos, sino también aquellos con los que raras veces cruzamos alguna palabra.
- Son también nuestro prójimo las personas con las que nos relacionamos cada día a lo largo de nuestra vida: la señora que nos vende el pan, el conductor que nos lleva en el autobús, el señor que limpia nuestra calle... A veces demostrarles nuestro amor simplemente consiste en saludarlos y dedicarles una sonrisa. No hay que complicarse más la vida...

Y para vosotros, ¿quién es vuestro prójimo? Pensad un rato sobre ello...

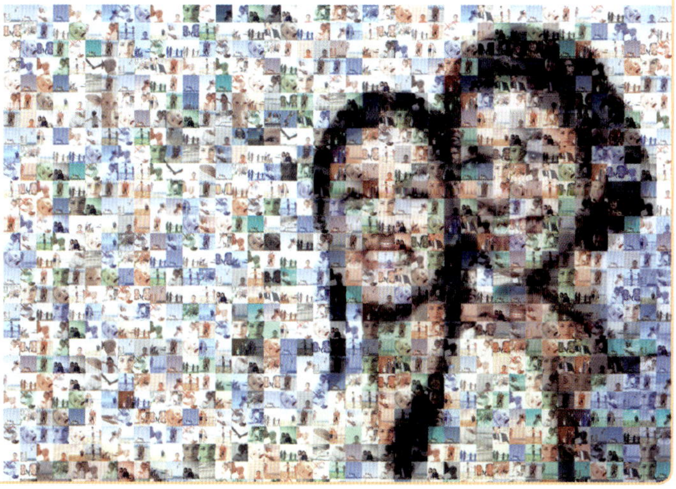

Comentario

Marta dice:

También son nuestro prójimo los compañeros con los que no nos llevamos muy bien. A veces resulta difícil aceptarlo, ¿verdad?

10.02.16 a las 22:10

Amar como Dios nos ama

El Dios del que habla Jesús es un Dios que es Padre, que es amor, que acoge de manera incondicional a todas las personas sin importarle quiénes son o cómo son. Es un Dios que ama infinitamente. Es **un Dios que nos quiere felices, que se fija en los sencillos, en los pobres, en los marginados...** Es un Dios que nos invita a ser protagonistas de la Creación, que nos pide colaboración para continuar su proyecto de salvación para todos.

¿Sabías que...?

Jesús nos enseña a vivir como hombres y mujeres nuevos, personas libres que viven como hijos amados de Dios.

La religión y la sociedad en tiempos de Jesús

La religión del pueblo de Jesús era el **judaísmo,** que tuvo su origen en Abraham, Moisés y sus descendientes. En tiempos de Jesús vivían en la Tierra Prometida, pero eran un pueblo pequeño que había sufrido constantes invasiones y que vivía bajo el poder del **Imperio romano**.

Para los judíos el **Templo** de Jerusalén era el lugar más importante del mundo. El Templo era el lugar del Arca de la Alianza, donde habían guardado las Tablas de la **Ley** que Dios entregó a Moisés. El cumplimiento de la Ley era para ellos lo más importante a los ojos de Dios. Debían cumplir un sinfín de **normas religiosas** que se extendían a todos los ámbitos de su vida: el descanso, la limpieza, la relación con los demás, la alimentación... Su situación y sus creencias daban lugar a una **organización de la sociedad** en la que no todas las personas tenían el mismo valor ni los mismos derechos.

Las mujeres y los niños no contaban, eran de segunda categoría. Los enfermos eran considerados impuros, así como todos los extranjeros. Solo los judíos eran dignos de Dios y su salvación era solo para ellos. Entre los hombres había varios grupos: los **saduceos,** que estaban muy unidos al Templo pero también al poder de los romanos; los **fariseos,** que se creían los más puros y cumplidores con la Ley, y los **zelotes,** que pretendían ayudar a Dios a salvar al pueblo mediante las armas.

La novedad de Jesús

Jesús y su mensaje suponen una novedad en la manera de pensar y actuar de los judíos de su época. Jesús habla del Reino de Dios, un Reino de amor, de paz, de generosidad, de justicia, donde no hay nadie de segunda categoría. **La Buena Noticia de Jesús es para todas las personas:** mujeres, hombres, niños, ancianos, enfermos, extranjeros, marginados, ricos, pobres... No hay diferencia, Dios es Padre de todos, ama a todos por igual.

El mandamiento nuevo

Jesús vivía como Hijo de Dios, cumpliendo lo que Dios quería, anunciar el mensaje del Reino a todos; así **actuaba con libertad** frente a la Ley. Para Jesús eran más importantes las personas que las normas. En los evangelios encontramos que Jesús es acusado por la forma de comportarse sus discípulos o Él mismo: curar o trabajar en sábado, sentarse a la mesa con personas impuras, no respetar el ayuno... En todas estas ocasiones Jesús hace ver que **por encima de la Ley están las personas**, que son hijas amadas de Dios, y el amor al prójimo. Jesús enseña que todos somos hermanos y como tales hemos de tratarnos. Dio un mandamiento nuevo a los que querían seguirle:

«Os doy un mandamiento nuevo: que os améis unos a otros; como yo os he amado, amaos también unos a otros. En esto conocerán todos que sois discípulos míos: si os amáis unos a otros». (Jn 13,34-35)

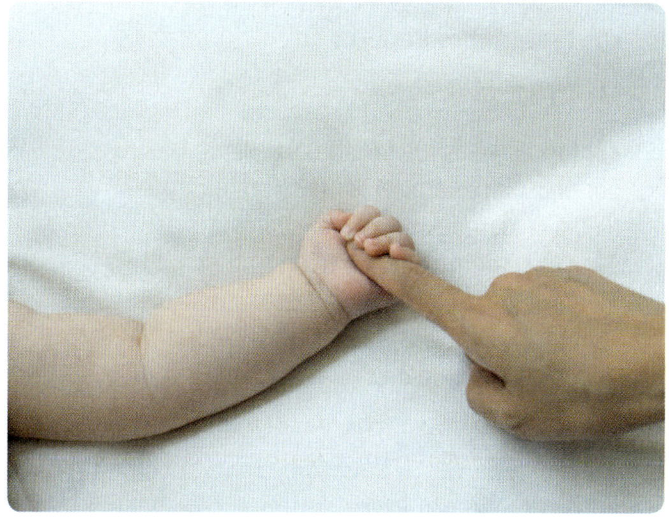

En el Evangelio Jesús dice que no ha venido a abolir la Ley sino a que se cumpla con plenitud. Amar a Dios y al prójimo es lo más importante de los Mandamientos.

Cada uno de nosotros también es libre en su manera de vivir y de actuar. Como cristianos estamos llamados a corresponder al amor infinito que Dios nos tiene. Estamos también llamados a colaborar con Dios mejorando nuestro mundo y viviendo como verdaderos hermanos de todos. Dios nos llama a **vivir nuestra libertad con responsabilidad**: la vida es un regalo que Dios nos ha hecho y con ella debemos responder a su amor y al prójimo.

El número 13 del Catecismo *Jesús es el Señor* nos cuenta cómo Jesús anuncia la Buena Noticia con su vida.

1. Imagina que tienes que hablar de Dios a una persona de otra religión.
   - ¿Cómo le dirías que es Dios?
   - Describe con tus palabras cómo es el Dios de Jesús.
2. Define las siguientes palabras. Después, mejora tu definición con ayuda de un diccionario.
   - prójimo
   - norma
   - marginado
   - responsabilidad
3. En esta unidad estamos aprendiendo que, como cristianos, debemos amar a Dios y al prójimo. Jesús nos dio un mandamiento nuevo, pero Dios también dio Diez Mandamientos a Moisés. Búscalos y cópialos en tu cuaderno; a continuación escribe cuáles se refieren a Dios y cuáles al prójimo.
4. Formad equipos de tres o cuatro miembros, buscad en la Biblia el texto Lc 10,25-37 y leedlo con atención. Haced una lista de todos los elementos que aparecen en el texto y que se pueden explicar con lo aprendido en estas páginas. Por ejemplo, podéis hacer una lista del vocabulario que sabéis explicar. También podéis explicar la conclusión de la parábola, la actuación de cada personaje...

Nos preparamos para leer la Biblia

Las tentaciones de Jesús

Mt 4,1-11

«Entonces Jesús fue llevado al desierto por el Espíritu para ser tentado por el diablo. Y después de ayunar cuarenta días con sus cuarenta noches, al fin sintió hambre. En tentador se le acercó y le dijo: "Si eres hijo de Dios, di que estas piedras se conviertan en panes"...».

Para empezar

- Describe la ilustración.
- ¿Qué personajes aparecen? ¿Qué hacen?
- ¿Qué sentimientos o actitudes observas?
- ¿Recuerdas qué relato del Evangelio se describe?

Pistas sobre el texto

Este texto pertenece al Evangelio de Mateo. En él nos narra qué hizo Jesús después de ser bautizado por Juan en el río Jordán. Se retiró al desierto, pero después de cuarenta días, el diablo le tentó tres veces. Primero ofreciéndole comida, que simboliza tener muchas cosas materiales, todas las riquezas. Después, proponiéndole que hiciera un hecho milagroso, que simboliza manejar el mundo y sus leyes a su antojo. Y tercero, regalándole todos los países del mundo, que simboliza tener todo el poder. Pero Jesús no se dejó engañar por las riquezas, la magia y el poder. De esta manera descubrimos los obstáculos al cumplimiento del plan de Dios.

Vocabulario

Diablo: el ángel caído, el que está lejos de Dios.

Ángel: el enviado de Dios y lo representa.

Alero del templo: lo más alto, el pináculo del templo.

Adorar: postrarse ante un dios y reconocerle como tal.

Satanás: el diablo.

Trabajamos sobre el texto

- **Preparamos la lectura.** Antes de leer el texto, contestad estas preguntas en voz alta: ¿por qué buscamos siempre el camino fácil para resolver los problemas? ¿Es importante cumplir aquello a lo que nos comprometemos? ¿Se puede jugar, trabajar o convivir con quien no se compromete? ¿Qué prefieres, tener un amigo que tenga muchas cosas, o un amigo leal y comprometido?
- **Leemos el texto.** Haced una lectura dramatizada con dos personajes importantes, Jesús y el diablo, y otros que hacen de ángeles. Después, leedlo de forma individual y plantead las dudas que os surjan.

1. Copia estas frases en tu cuaderno y sustituye las palabras que aparecen en naranja por un sinónimo.
   - Entonces Jesús fue llevado al desierto por el Espíritu para ser tentado por el diablo.
   - No solo de pan vive el hombre, sino de toda palabra que sale de la boca de Dios.
   - Todo esto te daré, si te postras y me adoras.
   - «Vete, Satanás».

   Comentad si, al sustituir las palabras, cambia mucho su significado o no.
2. Contesta en tu cuaderno, y después compara la respuesta con las de tus compañeros: ¿qué es hacer milagros? ¿Qué es hacer magia? Jesús hacía milagros. ¿Sabes distinguir entre hacer milagros y hacer magia?
3. Comenta con tus compañeros qué responderías o cómo reaccionarias si el diablo te hiciera y te propusiera lo mismo que hizo y propuso a Jesús.
4. Haced un trabajo en grupo, dividido en dos parejas. Una pareja responde a esta pregunta: ¿qué arreglarías del mundo o de la sociedad si tuvierais todo el poder? Y otra pareja responde a la siguiente: si tuvierais todas las riquezas, ¿cómo las emplearíais?

Jesús es especial. Con sus palabras y sus gestos nos demuestra que no es un hombre cualquiera, que a pesar de ser uno de nosotros, tentado por el poder y las riquezas, es capaz de seguir la voluntad de Dios. Ser persona es desarrollar valores como la justicia, la fidelidad, la verdad...

Pistas para aprender a leer la Biblia

El texto de las tentaciones nos presenta algunos de los obstáculos que Jesús encontró durante su vida pública para cumplir el plan de Dios.

Como nos muestra el relato, Jesús venció esos obstáculos y se mantuvo fiel a lo que Dios quería.

Tentados como Jesús

Al igual que Jesús, nosotros sufrimos tentaciones. Estas son invitaciones que tratan de separarnos de la voluntad de Dios e impedir que seamos imagen de él y alcancemos la felicidad. Veamos cómo se pueden concretar las tentaciones de Jesús en nuestros días.

La tentación del tener

Todos tenemos unas necesidades básicas y de seguridad que deben estar satisfechas. Cuando esa búsqueda de seguridad se convierte en algo prioritario podemos perder nuestra libertad y cerrar nuestros oídos a la invitación de Dios que quiere que sigamos su voluntad y seamos felices.

Esta tentación también puede relacionarse con darle demasiada importancia a lo material (bienes, dinero, posesiones...). Jesús ya advirtió que «no podemos servir a Dios y al dinero».

Frente a esta tentación Jesús nos enseña el camino del compartir, de la confianza en Dios y de la libertad que nace de ella.

La tentación del poder

En la segunda tentación, el diablo pide a Jesús que alardee de su condición de Hijo de Dios y haga un milagro en el que los ángeles salgan en su auxilio. Nosotros también podemos sufrir la tentación de pedir a Dios signos para darle nuestra confianza. Esta es una forma que resta libertad a nuestra relación con Dios e impide su centralidad en nuestra vida.

Esta forma de manipulación también podemos llevarla a nuestras relaciones personales: así, convertimos a las personas en objetos para conseguir un fin. Y para Dios la persona es lo primero.

Frente a esta tentación, Jesús nos enseña su mandato nuevo: «Os doy un mandato nuevo, que os améis unos a otros como yo os he amado». El gesto de Jesús lavando los pies a los discípulos nos muestra cuál debe ser la actitud de los cristianos frente a la tentación del poder.

La tentación del placer

Todos necesitamos disfrutar de la vida. Pero cuando se absolutiza la importancia del placer (que puede ser de distintos tipos) podemos perder nuestra libertad y alejarnos de nuestra condición de imagen de Dios. Si el placer se convierte en nuestro Dios podemos dejar de ser libres y convertir al placer en nuestro Dios.

Frente a esta tentación, Jesús nos invita a gozar de la existencia desde la libertad que nace de hacer la voluntad de Dios. Lo importante es saber que nuestro objetivo en la vida es cumplir la voluntad de Dios. Si tenemos la mirada puesta en ese objetivo, habrá dificultades pero no nos harán perder el gozo de sabernos caminando hacia lo que hemos elegido.

1. Enumera situaciones que se dan en nuestra vida que están relacionadas con las tentaciones que Jesús vivió en el desierto.
2. Después de todo lo que hemos estudiado durante estos meses, justifica por qué es importante para el creyente vencer las tentaciones y cumplir la voluntad de Dios.

RECORDAMOS

1 **En pequeños grupos, elaborad una lista con las dificultades que Jesús encontró en su vida para obedecer al Padre. Puede serviros de orientación releer el relato de las tentaciones (página 60).**

- Enumerad las principales dificultades que has encontrado.
- Haced un listado de las dificultades que se encuentran los cristianos actuales para vivir su fe.
- Establece relaciones entre ambos listados y señala las semejanzas y las diferencias que encuentras.

2 **Copia en tu cuaderno el mapa conceptual de la unidad y complétalo. Después, amplía el contenido con lo que has aprendido.**

Amar como Dios nos ama
Loving as God loves us

El judaísmo en tiempos de Jesús Judaism in Jesus' time	Jesús es especial. Jesus is	El ..... nuevo The new ......
El centro de la vida era el cumplimiento de la ...... The focus of life was upholding the	Aunque fue tentado por el ......, fue capaz de seguir la voluntad de Dios. Although He was ...... by the devil, He was able to follow the will of God.	...... los unos a los otros como yo os he amado. ...... each other as I have loved you.

6 Comprometidos con la misión de Jesús

Hoy nombran a Marc director de la joven orquesta de la ciudad. Pedro, Li, Elisa y Moussa lo acompañan en el acto en el que le entregan la «batuta de plata», que lo confirma como tal.

Todos somos necesarios, y juntos construiremos un mundo mejor...

Para ser un buen explorador…
… y saborear los momentos importantes de la vida:

- Me preparo en silencio
- Abro los ojos y observo
- Comparto lo que veo
- Pienso

Me hago preguntas: ¿qué destacarías en esta imagen? ¿Qué expresan las personas que aparecen en ella?

1 Preguntas para el diálogo

- ¿Qué son los símbolos?
- ¿Recuerdas alguno de uso cotidiano?

En la vida hay momentos importantes para el desarrollo de las personas. Algunos de ellos van acompañados por elementos que, aunque sencillos, pasarán a ser muy significativos y servirán de recuerdo de esos hechos en años posteriores: el primer chupete, y que el dejar de usarlo nos convirtió en «mayores»; las velas de las tartas de los primeros cumpleaños, que iban marcando el paso del tiempo; las primeras notas de Primaria que recogían nuestro trabajo en clase, etc.

Hay acontecimientos en la vida cargados de simbolismo. Si habéis participado en la celebración de algún sacramento, como un bautismo o una boda, habréis visto esto. En ellos, una sencilla vela, unas monedas, unos anillos… dejan de ser esos objetos simples para pasar a convertirse en elementos llenos de significado. Los esposos, cada vez que vean su anillo en el dedo, recordarán ese momento y su compromiso adquirido con la persona amada.

2 Trabajamos juntos: compartimos los momentos importantes de nuestra vida

- Creamos ambiente de calma.
- Cada uno, en silencio, evoca algún momento importante de su vida y piensa si conserva algún objeto que le recuerde ese momento.
- Compartimos con los compañeros lo que sentimos al recordar ese acontecimiento.

Tu grupo pop preferido

18 DE ABRIL

Marc ya es director

Publicado por The Agapes

Hemos acompañado a Marc en el acto en el que le nombraban Director de la orquesta de músicos jóvenes de nuestra ciudad. Llevaba muchos años preparándose para este acontecimiento. Fue muy emotivo el momento en el que recibía, de manos del señor alcalde, la «batuta de plata», que simboliza su toma de posesión de ese cargo. Estamos seguros de que la pondrá en un lugar muy destacado de su casa y, cuando Mario sea un poco más mayor, escuchará muchas veces el relato de aquel día... Nosotros hemos querido hacernos una foto con él en la que podéis verlo muy elegante luciendo orgulloso su batuta... ¿A que sí?

Comentario

Marc dice:

Gracias por la foto, chicos. ¡Qué momento tan emotivo!

18.04.16 a las 22:36

11 DE ABRIL

Juan y José

Publicado por Pedro

Hemos escuchado una canción que fue escrita a principios de la década de 1990 por el cantautor español Joan Manuel Serrat. Habla del valor de la amistad entre dos chicos, Juan y José, que, a medida que crecen, se alejan el uno del otro. Juan se queda en su pueblo y José viaja por el mundo. Pero hay algo que los sigue uniendo a lo largo de muchos años: las cartas que escribe José a su amigo. Al final de la canción vuelven a encontrarse en el lugar del principio, y hablan de la importancia que ha tenido ese símbolo para ellos... Podéis escucharla, prestando atención a la letra, ya que cuenta otras muchas cosas que nos pueden hacer pensar...

«Juan y José
volvieron a encontrarse en el frontón
medio siglo después, y como si tal cosa.
[...]

Caña dulce, mamey colorao.
Tú cabalgabas y yo iba a la grupa
en las largas tardes junto a la estufa
del viejo café.

Con las alas de tus cartas, José,
atravesé todos los cielos de América».

8 DE ABRIL

«Y sobre esta piedra...»

Publicado por Elisa

Hoy en catequesis hemos estado viendo el texto del Evangelio en el que Jesús le dice a Pedro: «Tú eres Pedro y sobre esta piedra edificaré mi Iglesia...». Nos ha llamado la atención la explicación sobre la elección de Jesús para continuar su obra. Elige a quien ha dudado en algún momento, pero eso no impide confiar plenamente en su fidelidad. Hemos aprendido también que el texto tiene mucho significado. En arameo la palabra *kipha* sirve para nombrar tanto a una «roca» como el nombre «Pedro». Jesús quiere hacer entender a todos que Pedro va a ser la cabeza de la comunidad de los que creían en Él como el Mesías esperado.

Utilizando esas palabras, ¡qué fácil debía de ser hacer comprender a la gente de aquella época la solidez sobre la que se asentaba la continuación de su proyecto divino!

1 DE ABRIL

Amazing Grace

Publicado por Moussa

En clase de religión hemos trabajado sobre los sacramentos, en especial sobre el Matrimonio. Lo hemos hecho a partir de una película basada en una historia real que se titula *Amazing Grace* y que fue dirigida en 2006 por Michael Apted. Está basada en una historia real. El nombre viene del himno «Amazing Grace», que en inglés significa 'sublime gracia'. Lo compuso John Newton, un hombre que, después de traficar con esclavos, se arrepintió y cambió su vida.

Cuenta la historia de un hombre muy religioso que duda entre hacerse sacerdote o dedicarse a la política, hasta que se da cuenta de que utilizando su influencia en la sociedad puede contribuir a que el mundo sea mejor y servir así a Dios. Conocerá a una joven con tantas ideas como él, que le animará a seguir luchando para mejorar el mundo.

A partir de esta película hemos hablado sobre valores que tienen que existir cuando dos personas deciden unir sus vidas, como son el apoyo del uno al otro y la necesidad de compartir un mismo compromiso.

Based on this film, we discussed values that are crucial when two people decide to join their lives together, such as supporting each other and the need to share the same commitment.

Comentario

Luis dice:

¡Hola, Pedro! Siempre que leemos este texto nos acordamos de ti y de la voluntad y firmeza que pones en todo lo que haces.

08.04.16 a las 20:46

Comprometidos con la mision de Jesús

Los cristianos vivimos comprometidos con la misión de Jesús. Una de nuestras señas de identidad es saber que debemos vivir llevando la Buena Noticia a los que nos rodean, a los necesitados... a todos nuestros hermanos.

La misión de Jesús

El nombre mismo de Jesús nos indica su misión: Jesús significa en hebreo `Dios salva´. Por tanto, desde el momento de la Anunciación vemos que la misión de Jesús es **salvar al pueblo de sus pecados** y restaurar la relación del ser humano con Dios.

Esta misión de salvar al ser humano se manifiesta en tres **ámbitos:**

- **Revelando al Padre:** las obras y palabras de Jesús, sus silencios y sus sufrimientos muestran de una manera privilegiada cómo es Dios y cuánto ama al ser humano. «Quien me ve a mí, ve al Padre» (Jn 14,9).
- **Perdonando los pecados** (redención): al hacerse hombre, en sus milagros y, sobre todo, con su muerte y resurrección Jesús libera del poder del pecado sobre la vida humana. El hombre vuelve a ser libre para escoger la salvación que Dios le ofrece.
- **Restableciendo nuestra condición de hijos de Dios:** Jesús busca con su vida que el hombre vuelva a la armonía primera entre el ser humano y Dios. Al vencer el poder del pecado, el ser humano puede volver a sentirse hijo de Dios y hermano de sus semejantes.

Esta misión la realizó Jesús con obras y con palabras, es decir, toda la vida de Jesús es una realización de la misión encomendada por el Padre.

¿Sabías que...?

Jesús es Salvador y Redentor. De esta manera, destacamos dos aspectos fundamentales de la misión de Cristo. El vino para restablecer nuestra relación con Dios y liberarnos del poder del pecado y de la muerte. Por eso es el Salvador. Jesús nos perdona los pecados y nos ofrece la salvación. Por eso decimos que es Redentor.

Continúa con los Apóstoles

Jesús vinculó su misión a los Doce. Al igual que Él vino a «hacer el bien» y a anunciar la Buena Noticia del Reino, desde el principio de su misión encomendó a los discípulos la **colaboración en su misión:** «Id y proclamad que ha llegado el reino de los cielos. Curad enfermos, resucitad muertos, limpiad leprosos, arrojad demonios. Gratis habéis recibido, dad gratis» (Mt 10,7-8).

Tras la Resurrección, Cristo Resucitado confirma esta misión y le envía: «Id, pues, y haced discípulos a todos los pueblos, bautizándolos en el nombre del Padre y del Hijo y del Espíritu Santo; enseñándoles a guardar todo lo que os he mandado» (Mt 28,19-20).

La Iglesia continúa la misión de Jesús

Desde el principio los miembros de la Iglesia han hecho propio este envío de Jesús a los Apóstoles. **Todos los miembros de la Iglesia,** cada uno desde su vocación y situación, están llamados a cumplir esta misión.

Por tanto, la misión de la Iglesia es la continuación de la misión de Cristo: «Quien a vosotros recibe, a mí me recibe». Igual que Jesús anunció el Reino y trajo la Salvación la iglesia continúa ese anuncio y da testimonio de la Salvación que Jesús nos trajo.

Jesús	La Iglesia
Enseñó con palabras, parábolas y discursos.	Los obispos y presbíteros tienen la misión de enseñar. Compromiso en el mundo de la educación (colegios, universidades, catequesis, misiones…).
Curó a los enfermos, leprosos, ciegos, paralíticos.	Ofrece el sacramento de la unción de enfermos. Está presente en el mundo del dolor mostrando la presencia de Dios (hospitales, centros asistenciales…).
Acogió y perdonó a los pecadores.	Celebra el sacramento de la Penitencia. Hace presente el perdón de Dios en la vida cotidiana (opción por la paz, las relaciones internacionales, el perdón de las ofensas…).
Acogió a los marginados	Está presente en el mundo de la marginación defendiendo la dignidad humana (centros de acogida, comedores, servicios sociales…).

La Iglesia está comprometida en el desarrollo de los pueblos. Los cristianos testimonian su fe en Jesús, sobre todo, dando lo mejor que tienen a los que lo necesitan.

El número 18 del Catecismo *Jesús es el Señor* explica cómo Jesús pasó por el mundo haciendo el bien, e invita a los cristianos a seguirle haciendo el bien, como la Madre Teresa de Calcuta.

1. Explica en qué consiste la misión de la Iglesia a partir de estos relatos evangélicos:
   - Mc 6,7-13
   - Mc 16, 15-18
   - Lc 4,18-19
   - Jn 20,21-23
2. En equipos, reproducid en un panel con dos columnas la tabla que tenéis en esta página. Añadid otros hechos, dichos y milagros que hizo Jesús y que hoy continúa la Iglesia.
3. Investiga y escribe en tu cuaderno qué congregaciones, asociaciones o instituciones de la Iglesia se dedican a la educación y la sanidad.

Nos preparamos para leer la Biblia

Yo estaré con vosotros hasta el fin del mundo

Mt 28,16-21

«Los once discípulos se fueron a Galilea, al monte que Jesús les había indicado. Al verlo, ellos se postraron...».

Para empezar

- Describe la ilustración.
- ¿Quiénes son las personas que rodean a Jesús?
- ¿Qué sentimientos tienen en común las personas que miran a Jesús? ¿Qué estarán pensando?
- ¿Cómo consideran a Jesús en este momento, como su maestro o como el Hijo de Dios? ¿Por qué?
- ¿Qué es lo que más caracteriza a Jesús en esta ilustración?

Pistas sobre el texto

Este texto, de solo seis versículos, es el último del Evangelio de Mateo. Coincide con los últimos versículos del resto de evangelios sinópticos, Marcos y Lucas. La figura de Jesús es presentada ya como hombre, igual a sus apóstoles, sino como el Hijo de Dios. Las expresiones que se utilizan así lo manifiestan: «se postraron», «se me ha dado todo poder en el cielo y la tierra... Es un texto que confirma la seguridad de que los cristianos que continúan la obra de Dios están siempre acompañados, «hasta el final de los tiempos», por Jesús, Hijo de Dios.

Vocabulario

Postrarse: inclinarse ante alguien que se le considera Dios.

Dudar: estar indecisos, no saber qué hacer.

Dar poder: dar autoridad para mandar, ordenar, gobernar.

Discípulo: el que escucha, aprende y sigue a un maestro.

Final de los tiempos: final del mundo.

Trabajamos sobre el texto

- **Preparamos la lectura.** Antes de leer el texto, contestad estas preguntas en voz alta: ¿sabéis cómo se viajaba por el mundo en tiempos de los primeros cristianos, en el siglo I y II? ¿Podéis calcular cuánto tiempo tardarían en llegar de Jerusalén a Roma? ¿Cómo tenía que ser la fe de aquellos primeros cristianos para extender la fe cristiana por todos los pueblos que había en el Mediterráneo, de Palestina hasta Hispania? ¿Sabéis el nombre de algún apóstol que recorrió todos esos caminos y rutas marítimas?
- **Leemos el texto.** Primero, permaneced atentos a la lectura del profesor o de un compañero. Después, leedlo individualmente y comentad lo que os haya llamado la atención del texto.

San Pablo es el ejemplo de apóstol que recorrió muchos caminos y rutas marítimas para extender el Evangelio por los pueblos del Mediterráneo, por el Imperio romano. Pasó multitud de dificultades. Fue encarcelado y llevado a Roma para ser juzgado. Por todos los sitios por donde pasaba predicaba la Buena Nueva. Al final murió martirizado en Roma por ser cristiano.

1. Resume con tus palabras los tres mandatos que propone Jesús a sus discípulos antes de subir a los cielos.
2. Haz un ejercicio de imaginación y métete en la cabeza de los discípulos que «dudaban»: ¿qué es lo que dudaban? ¿Por qué dudaban? ¿Tenían miedo? ¿Por qué tenían miedo? Escribe un texto breve donde describas lo que estaba pensando uno de los discípulos que dudaba.
3. Observa esta imagen y descríbela brevemente; después contesta estas preguntas: ¿tiene alguna relación con el texto que estamos trabajando? ¿Qué puede simbolizar? ¿Por qué? ¿Del rito de qué sacramento forma parte? ¿Sabes por qué?

4. En grupos, estableced un debate a partir de las siguientes preguntas: ¿quiénes son los que actualmente extienden la fe cristiana por el mundo? ¿Quiénes tenemos el compromiso de testimoniar la fe cristiana donde vivimos? ¿En qué se parecen y en qué se diferencian las actividades para extender la fe cristiana de los que están por el mundo y de los que estamos en el barrio, pueblo o ciudad?

Pistas para aprender a leer la Biblia

El lenguaje de la Biblia es, a menudo, simbólico. Por ejemplo, cuando aparece el número cuarenta no se refiere al número concreto, sino que quiere decir que es el tiempo necesario que tuvo que pasar hasta que se produjo «cambio». Busca: Gén 7,12-17; Éx 24,18; Mt 4,2.

Cáritas

Cáritas es una organización católica extendida por todo el mundo que se dedica a atender las necesidades más urgentes e inmediatas de todas las personas, tanto cristianas como de cualquier otra religión. En muchos países, como España, Cáritas atiende en especial a los inmigrantes, muchos de ellos de distinta cultura y religión que la nuestra.

La doctrina social de la Iglesia, que promueve el compromiso de todos los cristianos en la sociedad en la que viven, ha favorecido la existencia de instituciones como Cáritas, porque la Iglesia siempre ha transmitido la fe ayudando también en la solución de las necesidades básicas para vivir dignamente.

Lo más importante de Cáritas son las personas que se comprometen a llevar adelante los proyectos que surgen para promocionar a los seres humanos excluidos o discriminados. Son los voluntarios, que se ofrecen gratuitamente, dando su tiempo y su trabajo por los demás.

Cáritas recibe dinero para realizar sus proyectos de instituciones y empresas y, sobre todo, de las donaciones particulares que hacen anónimamente muchas personas a través de la parroquia y de otras instituciones religiosas. También administra alimentos y ropa que dona la gente que lo necesita. En todas las parroquias hay un despacho, y un almacén, desde el que se coordina la ayuda a las personas que habitualmente acude a este servicio parroquial.

Desde sus comienzos, Cáritas se dedicó a atender a los más pobres, no solo dándoles alimentos y ropa, sino también con cursos profesionales y buscándoles un trabajo. Además de la pobreza, Cáritas se pone en acción de modo inmediato cuando hay una catástrofe, un terremoto, inundaciones o guerras. También se hace muy presente en las crisis económicas, como en el caso de España.

1. Cáritas realiza todos los años una campaña para animar a todos a colaborar con sus proyectos. Ayuda a Cáritas a diseñar un cartel y un eslogan que anime a ser voluntario de esta organización.
2. Busca el significado de las palabras que designan los problemas más importantes que pretende solucionar Cáritas: desahuciar, exclusión social, discriminación, crisis económica, inmigración, intolerancia, deshumanizar, indignidad.

RECORDAMOS

1 En pequeños grupos construid un mapa comparativo de las acciones de Jesús y las de la Iglesia.

- En la columna de la izquierda indicad acciones que hacía Jesús, palabras que utilizaba, costumbres que tenía con sus discípulos.
- En la columna de la derecha, concretad cómo viven los cristianos esas acciones, palabras de Jesús en la actualidad.
- Sacad conclusiones de la comparación.
- Cada grupo prepara una presentación visual en la que se vea el paralelismo entre la misión de Jesús y la misión de la Iglesia.

2 Copia en tu cuaderno el mapa conceptual de la unidad y complétalo. Después, amplía el contenido con lo que has aprendido.

Comprometidos con la misión
Committed to the mission

Jesús anunciaba el ….. de Dios. Jesus announced the Kingdom of God.	La Iglesia anuncia la Buena Nueva. The ….. announces the Good News.
Jesús enseñaba a todas las personas. Jesus ….. everyone.	La Iglesia construye ….. The Church builds schools.
Jesús curaba a los enfermos. Jesus cured the …..	La Iglesia ….. a los enfermos. The Church cares for the sicks.
Jesús ….. a los que sufrían. Jesus consoled those who were suffering.	La Iglesia atiende a los ancianos. The Church looks after the …..

476
Caída del Imperio romano de Occidente

756
Nacen los Estados Pontificios

800
El papa León III corona emperador a Carlomagno

840
Muere Ludovico Pío (Luis I el Piadoso), hijo y sucesor de Carlomagno

100

Acontecimiento

Nacimiento de los Estados Pontificios

Desde que Roma se declaró sede oficial del papado, los papas habían ido acumulando territorios cercanos a la ciudad, y, en ocasiones, habían tenido problemas de invasiones o pérdidas de territorio. En el año 756 el papa Esteban II pidió ayuda al rey de los francos, Pipino el Breve, ya que estaba siendo atacado por los lombardos. El rey le prestó ayuda y le dio todo el territorio, y allí se establecieron los Estados Pontificios.

Personaje

Carlomagno

Carlos I el Grande, llamado Carlomagno, fue un rey de los francos que con su política expansiva consiguió restaurar el Imperio cristiano de Occidente. Fue coronado emperador en el año 800 por el papa León III. Durante su mandato se intentó reanimar la cultura, así como reformar y ampliar la Iglesia, reestructurando las diócesis y extendiendo el cristianismo a nuevos territorios.

Acontecimiento

Cruzadas

Las cruzadas fueron una serie de expediciones bélicas que se produjeron durante la Edad Media con el fin de controlar los territorios denominados «Tierra Santa», concretamente la ciudad de Jerusalén, que estaba desde el siglo VII bajo el poder de gobernantes musulmanes. Hubo hasta ocho cruzadas, no todas con igual resultado.

1096
Primera Cruzada

1221-1284
Alfonso X el Sabio

1378
Cisma de Occidente

1492
Descubrimiento de América

1098
Fundación de la Orden del Císter

1474
Isabel se proclama reina de Castilla

Algo que mantenemos

Orden del Císter

En el año 1098 Roberto de Molesmes fundó en Citaux (Francia) un nuevo tipo de monasterio. Buscaba la vuelta a la simplicidad y la pobreza, alejarse de las ciudades y vivir desde la fraternidad, la oración y el trabajo, según la regla que san Benito había creado para los benedictinos. San Bernardo de Claraval fue uno de los grandes impulsores de la Orden del Císter y es considerado su maestro espiritual.

Arte

Gótico

El arte gótico es posterior al románico. Comienza en el siglo XII y llega hasta el XV. Expresa una nueva forma de entender la vida, el mundo... En el arte gótico triunfa la luz, la altura, la armonía... Una catedral gótica es un templo que irradia la belleza de Dios, su luz... Parece que busca encontrarse con Dios llegando hasta el cielo.

Símbolo

Cruz de tau

La cruz es el símbolo de los cristianos. Esta se llama de tau porque tiene forma de T (en griego T = tau). Su uso cristiano se remonta a san Antón, un santo egipcio. Su uso se popularizó durante la Edad Media como símbolo de los cristianos, en parte debido a que san Francisco de Asís la utilizaba como su sello personal. Se convirtió en un signo de conversión y señal de la cruz.

COOPERAMOS PARA APRENDER

Este año hemos tenido la suerte de venir a pasar unos días de Semana Santa en un lugar donde se vive de una manera muy especial y, a la vez, muy intensa. No os doy más pistas, a ver si descubrís dónde estamos.

MEJOR ENTRE TODOS

No os hemos dicho dónde estamos, a ver si con estas pequeñas pistas sois capaces de descubrirlo…

Volved a reuniros en grupos y, si queréis, cambiad las personas que van a realizar las funciones de secretario y moderador que os explicamos al final del primer trimestre. Vais a trabajar juntos de nuevo.

Ahí van algunas pistas sobre el lugar en el que nos encontramos:

- A pesar de que no está en la costa, tiene un importante puerto.
- Es la capital de una comunidad autónoma a la que pertenece junto a otras siete provincias.
- En abril se celebra una feria muy conocida.

Seguro que ya sabéis dónde estamos. Pero os invitamos a crear otras pistas que vosotros conozcáis sobre esta ciudad. Después, ponedlas en común en la clase para aprender entre todos un poco más sobre este lugar.

GRUPOS DE INVESTIGACIÓN

Seguro que algunos de vosotros habréis visitado también esta ciudad. A ver si sois capaces de identificar el nombre de estos lugares importantes que se encuentran en ella; si alguien de la clase los conoce, puede explicar algo sobre ese lugar.

Para preparar nuestro viaje a Sevilla, realizamos una visita virtual a la catedral, Patrimonio de la Humanidad y un lugar muy importante de la ciudad. A través de la página web www.catedraldesevilla.es pudimos conocer cosas interesantes sobre lo que luego veríamos en la catedral. Os invitamos a que la visitéis vosotros también.

En la Unidad 4 conocimos con más profundidad la persona de Jesús y su importancia como modelo al que seguir. Jesús vivió entre las personas de su época y nos mostró que el Amor de Dios es para todos. Visitando la catedral de Sevilla tenemos la oportunidad de recordar momentos de su vida. Os propongo que lo hagamos observando lugares de la catedral:

GRUPOS DE INVESTIGACIÓN

El Altar Mayor

El diseño primitivo era un retablo de 20 metros de altura por 18 de ancho que contenía 28 escenas de la vida de Jesucristo y la Virgen María. Esta primera fase fue realizada entre 1482 y 1529. En 1550, el Cabildo decidió ampliarlo, añadiendo escenas del Antiguo y el Nuevo Testamento, llegando hasta 44. Esta segunda fase se inició en 1550 y fue completada en 1564.

- Buscad en internet información sobre las escenas representadas en el retablo. Formad grupos y analizad por separado las escenas:

1. Qué momento de la vida de Jesús se retrata.
2. Qué personas lo acompañan.
3. Qué mensaje nos quiere transmitir el autor con esta escena.

GRUPOS DE INVESTIGACIÓN

Las puertas de la catedral

¿Cuántas hay? ¿Cómo se llaman? También podéis buscar imágenes de los relieves que se recogen en cada una y las escenas de la vida de Jesús a las que hacen referencia.

Una de las puertas hace referencia a una experiencia que vivió Jesús en el río Jordán de manos de su primo Juan. ¿Sabéis a qué momento de la vida de Jesús nos referimos? Ese es el nombre de la puerta que recogemos aquí.

Hay otra puerta que se llama «del Perdón». Sobre ella aparece un relieve que tiene como tema un suceso que le aconteció a Jesús en el Templo con unos mercaderes. ¿Sabéis explicar qué pasó?

COOPERAMOS PARA APRENDER

En la Unidad 5 recordamos las palabras de Jesús: «Amaos los unos a los otros, como yo os he amado». Es un consejo que queremos adoptar en nuestro actuar diario, aunque a veces nos resulta un poco complicado. Amar a los otros significa estar pendiente de ellos, celebrando juntos sus alegrías y logros y estando atentos a sus necesidades. Así, estamos poniendo en práctica los consejos de Jesús.

En el día a día ocurren situaciones en las que podemos poner en práctica el consejo de Jesús: de acuerdo con la lógica del amor o con la lógica de la desatención del necesitado. Es con nuestras acciones diarias como conseguimos que el mundo se convierta en un lugar más justo, haciendo real el mensaje novedoso de Jesús.

MEJOR ENTRE TODOS

Queremos construir… un final feliz

Formad grupos para trabajar situaciones reales. Está en manos de cada grupo proponer un final para cada una de ellas, teniendo en cuenta la idea del amor a los demás.

- **Situación 1**. Una madre está bajando del coche a su hijo y se le caen las bolsas de la compra cuando pasan unos jóvenes…
- **Situación 2**. Los asientos de un autobús están ocupados y en una de las paradas sube una mujer embarazada…
- **Situación 3**. Nos sentamos en el banco del parque y encontramos una mochila…
- **Situación 4**. En un edificio turístico turístico hay una cola muy larga para comprar las entradas. Nos acercamos a la taquilla y aparecen otros jóvenes que hemos conocido durante el viaje…

Analizad lo ocurrido:

1. Describe la situación en sí, de forma objetiva.
2. ¿Qué necesidad requiere ser atendida en el caso concreto que analizamos?
3. ¿Qué finales alternativos has encontrado? ¿Qué intereses se entremezclan en cada uno?
4. ¿Qué lógica aplicas según cada alternativa?
5. ¿Qué consecuencias tiene optar por una respuesta u otra?
6. ¿Cómo te sientes tras responder con la lógica del amor? ¿Y cómo se siente la persona a quien has ayudado?

Dios nos ha dado la libertad para que decidamos cómo responder ante las diferentes situaciones de la vida. Cuando respondemos según la lógica del amor, somos facilitadores del Reino de Dios en la Tierra.

En Sevilla se vive la Semana Santa de una manera muy especial. Estos días hemos tenido la oportunidad de conocer algunas procesiones muy famosas. Muchas de ellas hacen referencia a momentos importantes recordados durante estos días. Hay gran cantidad de cofradías que acompañan a sus sagradas imágenes en pasos por las calles de la ciudad.

GRUPOS DE INVESTIGACIÓN

A continuación aparecen imágenes de algunas de estas cofradías, según los días de la Semana Santa en los que salen en procesión. Investigad a qué hecho se refieren y haced una pequeña narración sobre lo que sucede. Expresad la actitud o enseñanza que Jesús nos muestra: la humildad, la mansedumbre, el amor hasta la entrega…

Domingo de Ramos
La Borriquita

Jueves Santo
La Pasión

Viernes Santo
El Calvario

Viernes Santo
La Macarena

Sábado Santo
Los Servitas

Domingo de Resurrección
La Resurrección

7 Sacramentos de misión

Pedro, Li, Elisa y Moussa celebran la Confirmación de sus amigos del barrio.

Todos vamos creciendo, vamos cambiando...

Para ser un buen explorador…
… y celebrar los sacramentos:

- Me preparo en silencio
- Abro los ojos y observo
- Comparto lo que veo
- Pienso

Me hago preguntas: ¿dónde están los chicos del grupo?
¿Qué te sugiere la imagen?

1 Preguntas para el diálogo

- ¿Qué están celebrando?
- ¿Qué sentimientos expresan las personas que aparecen en la imagen?

Alguna vez nos tenemos que plantear qué significa ser cristianos. Fíjate en la misma palabra *cristiano*, que se parece mucho a un gentilicio, esos adjetivos que designan a los habitantes de un lugar para significar que son de ese sitio. Por eso cristiano significa «ser de Cristo», pertenecerle y seguirle a donde Él nos pida que vayamos. A unos nos puede pedir que no tengamos miedo a decir entre nuestros amigos que somos creyentes, a otros puede llamarlos a ser servidores de la comunidad cristiana como sacerdotes, otros pueden sentir que deben formar una familia cristiana donde educar a los hijos en el amor y la paz.

Responder a la llamada de Cristo no es fácil para nadie: exige compromiso y mucho valor. Hay que dejar la comodidad de lo que tienes controlado para caminar por sitios nuevos que pueden estar llenos de peligros y de dificultades. Pero Jesús no nos deja solos, nos da unas ayudas, que llamamos sacramentos, para que tengamos la fuerza para decir que somos cristianos (Confirmación), que queremos servir a la Iglesia en el altar (Orden) o que queremos formar una familia (Matrimonio).

2 Trabajamos juntos: dialogamos sobre los sacramentos

- Comentamos en equipo lo que recordamos sobre los sacramentos de la Confirmación, el Orden y el Matrimonio.
- Compartimos con el resto de compañeros lo que hemos comentado.

Tu grupo pop preferido

9 DE MAYO

La Confirmación

Publicado por The Agapes

En la parroquia ya están preparando las confirmaciones. No sabemos si van a hacer fiesta y si van a contar con nosotros para animarla. Llevan todo el año reuniéndose. Ahora están buscando padrino. Nos hemos enterado de que algunos tienen problemas para encontrarlo. Marc está muy solicitado; ya se lo han pedido varios, pero él no quiere quedar mal con nadie, y tiene que decirles que no, que sea un familiar o un amigo. ¡Pobre Marc, en qué líos lo meten! El padrino del bautizo y de la boda suele ser un familiar, pero en la Confirmación se prefiere que sea un amigo, alguien que te ha acompañado en estos últimos años, que lo sientes cercano, que te ha ayudado a ser mejor cristiano...

Comentario

Marc dice:

Cuando os confirméis vosotros, no me pidáis que sea vuestro padrino...
Me gustaría mucho, pero no puedo serlo de todos...

01.05.16 a las 16:32

1 DE MAYO

El bautismo de los niños

Publicado por Elisa

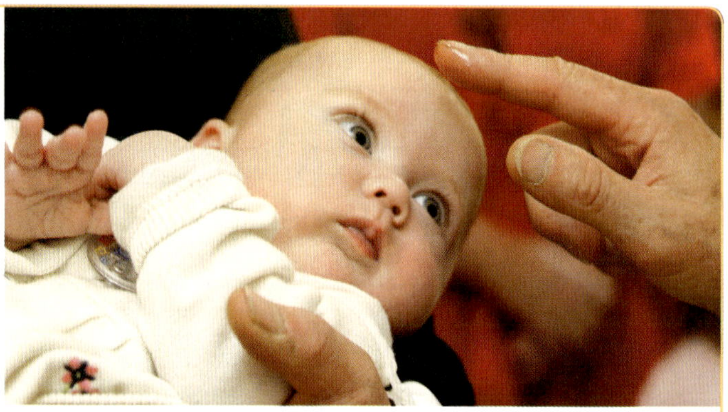

Hoy en clase de religión hemos hablado del compromiso que conlleva recibir un sacramento, y hablando, hablando... hemos caído en la cuenta de que los niños reciben el bautismo tan pequeños que no se enteran. ¿Cómo van a saber lo que hacen? El profesor dice que son los padres los que se comprometen por los niños, o los padrinos, que son familiares o amigos cercanos. ¿Y por qué no se esperan a cuando sean mayores y puedan decidir ellos? El profe insiste en que los padres quieren educarlos en su religión, en sus creencias. Y ha recordado que queda poco para las confirmaciones, y que precisamente por eso se hacen. Cuando los niños crecen, y ya pueden decidir, se les propone la Confirmación, que es como una continuación del Bautismo. Además ya se les había propuesto antes hacer la Primera Comunión, participar en la Eucaristía... Esto último nos ha hecho comprender mejor lo del bautismo de los niños.

30 DE ABRIL

Tener vocación

Publicado por Moussa

He conocido a una chica que quiere hacerse monja. ¡Me ha impresionado! Yo no me planteo algo así; no ser monja, sino cura o monje, si se dice así para los chicos... ¡Es que se va a dedicar toda la vida a eso! Dice que va a hacer votos después de que la admitan en la orden donde quiere entrar: de pobreza, castidad y obediencia... Tiene que explicarme en qué consisten. Me ha contado que tiene vocación porque siente que Dios la llama y se siente feliz siguiéndole en ese camino. Ella quiere estar en una casa donde acojan a los que no tienen hogar, a los que duermen en los portales y en las entradas de los bancos, entre cartones y mantas viejas. Es verdad que hay que atenderlos, a mí me duele mucho que haya gente así, abandonada... pero dejarlo todo para seguir a Jesús, no sé si sería capaz de eso...

Comentario

Marc dice:

No sé como explicarlo, pero, sea como sea, siempre hay que comprometerse. Hay personas que se comprometen para toda la vida, y te dan seguridad, te fías de ellas...

30.04.16 a las 22:41

25 DE ABRIL

De dioses y hombres

Publicado por Li

Para un trabajo de Historia, y que también propuso el profesor de Religión, nos dijeron que viéramos *De dioses y hombres*, una película que trata de la vida de unos monjes en Argelia durante la guerra civil que asoló este país entre 1991 y 2002.

Ocho monjes cristianos pertenecientes a la orden de la Trapa viven allí en armonía con la población musulmana, estableciendo lazos de cooperación contra los efectos de la pobreza, ocasionados por un régimen en decadencia. Finalmente, mueren asesinados por un comando de fundamentalistas islámicos. ¡Es muy triste! Entregan la vida por los demás, mueren con ellos. ¡No pude remediarlo y acabé llorando!, y eso que ya me habían contado cómo terminaba.

Muchas personas deberían ver esta película para comprender qué es ser cristiano de verdad y comprometerse hasta las últimas consecuencias, como Jesús.

Everyone should watch this film in order to understand what it means to be a true Christian and commit to seeing things through to the very end, like Jesus.

Los sacramentos al servicio de la Iglesia y de su misión

Para los cristianos es muy importante la misión y el compromiso. Todos nos sentimos **llamados a anunciar el mensaje de Jesús**, cada uno desde su realidad, con sus cualidades y capacidades y desde responsabilidades y compromisos diferentes.

En la Iglesia hay tres **tipos de sacramentos**:

- De iniciación: Bautismo, Confirmación y Eucaristía.
- De curación: Reconciliación y Unción de los enfermos.
- Al servicio de la comunidad: Orden sacerdotal y Matrimonio.

De los siete sacramentos, hay tres que se caracterizan por comprometer al cristiano al **servicio de la Iglesia y su misión**: la Confirmación, el Matrimonio y el Orden sacerdotal. Con la Confirmación reafirmamos nuestra fe en Dios y nuestra apuesta por ser como Jesús entre las personas, y por el Matrimonio y el Orden sacerdotal recibimos la gracia de entregarnos al servio de la comunidad cristiana de un modo concreto.

La Confirmación

Es la ratificación de las **promesas bautismales** al recibir el Espíritu Santo, como los apóstoles en Pentecostés. Por él nos asociamos públicamente a la misión de la Iglesia, para dar testimonio de fe y de vida, como lo hizo Jesús. Este sacramento lo recibimos los cristianos cuando ya tenemos conciencia de nuestra responsabilidad como miembros de la Iglesia.

Acompañados de un padrino, recibimos el sacramento del obispo, o el sacerdote que lo sustituye. El rito consiste en la **unción con el óleo** sagrado y la **imposición de las manos** sobre la cabeza.

El Orden sacerdotal

La Iglesia entera es pueblo sacerdotal, por el Bautismo todos participamos del sacerdocio de Cristo. Ser sacerdote es ser intermediario entre Dios y las personas. Pero dentro de este sacerdocio de todos los fieles está el sacramento del Orden sacerdotal, al que son llamados algunos cristianos para representar a la comunidad cristiana; es el **sacerdocio ministerial**.

La misión de los sacerdotes en la Iglesia es ser maestros de la fe, presidir la liturgia, especialmente la Eucaristía y la Penitencia, y preocuparse pastoralmente de los fieles, cuidarlos, de ahí que algunos también se llamen curas.

Hay tres **grados** en el sacramento del Orden sacerdotal: el diácono, el presbítero y el obispo. El diácono es un ministro ordenado para el servicio de la comunidad cristiana. Puede administrar el Bautismo y el Matrimonio y ayuda pastoralmente a los otros ministros. El presbítero o sacerdote es el responsable de una comunidad cristiana o de una parroquia. Y el

¿Sabías que...?

«Los siete sacramentos corresponden a todas las etapas y todos los momentos importantes de la vida del cristiano: dan nacimiento y crecimiento, curación y misión a la vida de fe de los cristianos. Hay una cierta semejanza entre las etapas de la vida natural y las etapas de la vida espiritual». (Catecismo de la Iglesia Católica)

obispo es el sucesor de los apóstoles, la cabeza visible de toda la comunidad cristiana, alrededor del cual se reúnen y trabajan todos los sacerdotes. Preside una diócesis.

El obispo ordena a los nuevos ministros por la **imposición de manos** sobre la cabeza, con una oración de consagración en la que se pide que el nuevo ordenado adquiera la gracia necesaria para ejercer su ministerio.

El Matrimonio

Todos los cristianos **somos llamados** por Dios a seguir a Jesucristo, y a llevar su Buena Noticia a todas las personas. Todos somos libres para responder con nuestra vida a su llamada. Así, muchos hombres y mujeres encuentran en su matrimonio una forma de responder a Dios y de colaborar con Él en hacer un mundo mejor.

Dios llama al hombre y a la mujer a amarse, y a formar una **comunidad de vida**. El matrimonio, formado por el hombre y la mujer, está llamado a compartir la vida, el amor, los bienes... y a tener y educar a los hijos, formando una familia. En el sacramento del Matrimonio los celebrantes son los **esposos**; ellos y Dios son los verdaderos protagonistas. Hay numerosos signos en esta celebración: entrega de arras, intercambio de alianzas, bendición de los esposos... Pero lo fundamental es el momento del **consentimiento** de los esposos. Es el acto en el que se dan y reciben mutuamente: «Yo te recibo como esposa»; «Yo te recibo como esposo».

Las arras simbolizan los bienes que van a compartir los esposos. Según una tradición mozárabe, son trece monedas, doce que simbolizan los meses del año y una para dar a los pobres.

1. Busca las siguientes citas del Evangelio. Después, escribe en tu cuaderno a qué contenido de los que has aprendido se refieren.
   - Hechos 2,1-4
   - Hechos 8,14-17
   - Hechos 6,1-7
   - Mt 16,13-20
   - Jn 2,1-12
2. Define las siguientes palabras. Después, mejora tu definición con ayuda de un diccionario:
   - compromiso • iniciación • unción • ratificación • testimonio
   - conciencia • óleo • celebrante • ministro • arras
3. Investiga y escribe en tu cuaderno cuál es el significado de la imposición de manos en el sacramento de la Confirmación y en el sacramento del Orden sacerdotal.
4. En equipos, escribid una lista de cosas que viven y hacen las familias cristianas que las convierten en parte fundamental de la misión de la Iglesia.

Los números 26 y 27 del Catecismo *Jesús es el Señor* explican la importancia de los sacramentos y el compromiso que se adquiere con ellos para colaborar en la Iglesia.

Nos preparamos para leer la Biblia

Un Padre que nos cuida

Mt 6,25-34

«Por eso os digo: no estéis agobiados por vuestra vida pensando qué vais a comer, ni por vuestro cuerpo pensando con qué os vais a vestir. ¿No vale más la vida que el alimento y el cuerpo que el vestido? Mirad los pájaros del cielo: no siembran ni siegan, ni almacenan y, sin embargo, vuestro Padre celestial los alimenta…».

Para empezar

- Describe brevemente la ilustración.
- ¿Qué te sugiere?
- Haz una lista de los seres vivos que aparecen.
- Ponle un título. Piensa en qué relación puede tener con el texto que vamos a trabajar y coméntalo con tus compañeros.

En este texto Jesús nos habla de cómo Dios cuida de nosotros y busca nuestra felicidad y plenitud. Jesús utiliza imágenes tomadas de la naturaleza que sus oyentes podían entender con facilidad. En la medida en que confiamos en Dios, Él cuida de cada uno de nosotros.

Vocabulario

Segar: cortar las mieses o la hierba con una hoz u otro instrumento que corte.

Lirio: flor cuyos pétalos suelen ser de color morado.

Rey Salomón: rey de los hebreos que fue muy importante. Es el hijo del rey David y fue quien construyó el primer Templo de Jerusalén.

Celestial: que tiene relación con el cielo.

Fasto: gran lujo.

Afanarse: realizar una tarea con gran entrega y vehemencia.

Trabajamos sobre el texto

- **Preparamos la lectura.** Antes de leer el texto, contestad estas preguntas en voz alta: ¿qué os sugiere el título? ¿Qué hacen vuestros padres por vosotros? ¿Qué cosas te preocupan? ¿Y a tu familia? ¿Y a tus amigos? ¿Cuál crees que tiene que ser la tarea o preocupación más grande para los cristianos?
- **Leemos el texto.** Primero haced una lectura individual. Después, leedlo en parejas y comentad lo que no habéis entendido y vuestra opinión sobre el texto. A continuación leedlo en voz alta.

1. Escribe en tu cuaderno por qué cosas nos dice Jesús que no debemos preocuparnos. Escribe al lado la razón que da. Después, elabora una lista de cosas que te preocupan a ti y coméntala con tu compañero o compañera.
2. Este texto nos habla del cuidado de Dios y que Él busca nuestra felicidad y plenitud. Completa las frases en tu cuaderno:

   trabajar ama Dios confiar importante nunca valores cristianos día

   - ..... nos cuida y nos ....., por eso debemos ..... en Él, ... nos abandona.
   - Lo más ..... para los ..... debe ser vivir los ..... del Reino y ..... por hacerlo realidad cada .....
3. En grupos o en parejas, estableced un diálogo de por qué este relato nos habla de que Dios quiere que seamos felices y alcancemos la plenitud. ¿Qué camino nos ofrece?

Jesús rompe nuestros esquemas, nos habla de fijarnos en la relación con Dios y todo lo demás se nos regalará. Dios nos ama y nos cuida siempre. Él responde a nuestras preguntas y sacia nuestro deseo de plenitud.

Pistas para aprender a leer la Biblia

Cuando leemos la Biblia debemos ser conscientes de que no es un libro cualquiera, no es una novela ni un libro de cuentos. La Biblia es un libro que nos cuenta una historia muy larga, con muchos episodios, de muchas maneras, con distintos escritores... pero con una idea de fondo que siempre aparece: Dios se encuentra con las personas, Dios se compromete con la humanidad y nos ofrece su amor y su plan de Salvación. Por eso, es muy importante que cuando leamos un texto nos acordemos de esta idea. Nos ayudará a entenderlo mejor.

El sacramento del Orden sacerdotal

Hay creyentes que sienten la llamada para servir a la Iglesia desde el ministerio ordenado y, desde su libertad, encuentran su felicidad en la respuesta a esta llamada.

Por el ministerio ordenado, especialmente por el de los obispos y los presbíteros, la presencia de Cristo como cabeza de la Iglesia se hace visible en medio de la comunidad de los creyentes.

Hemos visto algunos de los signos que aparecen en el sacramento del Matrimonio. El sacramento del Orden sacerdotal tiene una liturgia muy rica repleta de signos que nos hablan de la importancia del ministerio para la vida de la Iglesia. Veamos cuáles son:

Imposición de manos

Es el rito esencial en la ordenación sacerdotal. Es un gesto que tiene un significado muy profundo y que se ha utilizado desde la antigüedad como expresión de la efusión de fuerza y valor.

El obispo pone sus manos sobre la cabeza del ordenando y hace una oración a Dios para que se derramen sobre él los dones del Espíritu Santo. De esta manera se pone el acento en que el ministerio es un don de Dios y se pone en conexión con la sucesión apostólica.

Unción con el óleo

Como en el Bautismo y la Confirmación, también en el Orden sacerdotal se realiza una unción con el óleo. De esta manera, se muestra la conexión de este sacramento con el Bautismo y se marca a los ordenados como consagrados a Dios al servicio de la Iglesia. Esta unción es signo de la unción especial del Espíritu Santo que hace fecundo su ministerio.

Entrega del evangelio

Una de las funciones más importantes del ministerio ordenado es presidir la liturgia y predicar el Evangelio. Por ello, otro signo que aparece en el sacramento del orden es la entrega de los evangelios. La Iglesia es la depositaria de la Buena Noticia que pone en manos de sus ministros para que el Evangelio llegue a todos.

El cáliz y la patena

El sacerdote preside la celebración de la Eucaristía en representación de Cristo, cabeza de la Iglesia. Y por la conmemoración del Misterio Pascual y la oración de consagración, el pan y el vino se convierte en el cuerpo y sangre de Cristo que se hace realmente presente. De ahí que el ministerio ordenado esté muy unido a la celebración eucarística. Por ello, en la ordenación de sacerdotes y obispos se les entrega el cáliz y la patena que contendrán el Cuerpo y la Sangre de Jesús.

En la ordenación de los obispos, se utilizan otros símbolos propios de su ministerio como la entrega del anillo, el báculo, la mitra...

1. Busca imágenes de los distintos símbolos a los que hemos hecho mención en estas páginas y elabora un mural donde expliques de manera visual el significado de cada uno.
2. Dialogad en grupo sobre la vocación. Buscad qué significa «tener vocación». ¿En qué se diferencia la vocación para ser religioso o sacerdote y la vocación para otras profesiones? ¿Se necesita tener vocación para cualquier profesión? ¿Por qué?

RECORDAMOS

1 **En pequeños grupos, preparad cada uno una revista que trate alguno de los temas trabajados en esta unidad.**

- Una portada. Incluye título de la revista, foto o dibujo de portada con el título de la información o noticia más importante de la revista, y, en un lateral, algunas de las informaciones más sobresalientes que trata en su interior.
- Página de «créditos»: quiénes la han hecho y en qué han participado, etc.
- Página de índice de todos los artículos de la revista.
- Reportaje o narración de uno de los temas de la unidad.
- Entrevista a alguien que tenga que ver con lo que se ha tratado en la unidad.
- Páginas de anuncios, que se ajusten al tema.
- Pasatiempos sobre la unidad.
- Otras páginas creadas por el grupo, siempre con contenido relacionado con la unidad trabajada.

2 **Copia en tu cuaderno el mapa conceptual de la unidad y complétalo. Después, amplía el contenido con lo que has aprendido.**

Sacramentos de misión
Sacraments of the mission

Confirmación	Matrimonio	Orden sacerdotal
Confirmation	.....	Priesthood
Los cristianos reciben el Espíritu Santo. Christians receive the	Los esposos se dan el consentimiento ante Dios. Husband and wife give ther consent in front of	Los sacerdotes son ..... por la imposición de manos. Priests are ordained by the laying on of .....
Se comprometen a ..... en la vida de la ..... They commit to participating in the life of the Church.	Se comprometen a crear una comunidad de amor, la ..... They commit to creating a ..... of love, the family.	Se comprometen a presidir y ..... a la comunidad cristiana. They commit to leading and accompanying the Christian .....

8 La Pascua, tiempo de Resurrección

Es un día feliz para Pedro, Li, Elisa y Moussa porque ha venido a visitarles un buen amigo al que no veían desde hacía tiempo.

Soñé que mi voz era muy poderosa y todos la obedecían…

Para ser un buen explorador…
… y disfrutar del encuentro:

- Me preparo en silencio
- Abro los ojos y observo
- Comparto lo que veo
- Pienso

Me hago preguntas: ¿qué ocurre en la escena? ¿Qué te sugiere la imagen?

1 Preguntas para el diálogo

- ¿Qué personajes aparecen en la escena?
- ¿Qué emociones crees que sienten?
- ¿Recuerdas haber vivido algo parecido?

En primavera todo resurge: las semillas que se habían sembrado brotan de la tierra y las flores se encuentran en su máximo esplendor. De la misma manera, los cristianos que hemos vivido los acontecimientos de la Semana Santa y recordado la Pasión y muerte de Jesucristo nos encontramos con la Pascua, el tiempo en que celebramos que Jesús resucitó de entre los muertos y se hace presente a los amigos que se llena de inmensa alegría al reconocer en la persona que se les aparece al mismo que vieron muerto en la cruz: el Resucitado es el Crucificado.

Esa alegría y esa paz que María Magdalena y los apóstoles sintieron al ver a Jesús resucitado se transmite a nosotros a lo largo del tiempo litúrgico pascual: el sacerdote ya no sale vestido de morado sino de blanco, al principio de la celebración echa agua sobre los presentes para recordar el bautismo y se despide con un grito de alegría: «¡Aleluya!». Pero esa alegría que sentimos no es para guardarla de forma egoísta sino para transmitirla a los que se encuentran cercanos a nosotros.

2 Trabajamos juntos: analizamos el encuentro entre Jesús resucitado y sus amigos

- Elaboramos un breve relato que narre cómo pudo ser ese encuentro.

Tu grupo pop preferido

16 DE FEBRERO

The Agapes

Publicado por The Agapes

El otro día nos hicieron una entrevista para el periódico de la parroquia. Una de las preguntas era que de dónde salía nuestro nombre, qué significaba... Les respondimos que *ágape* es una palabra de origen griego que se refiere a la comida fraternal de carácter religioso que celebraban los primeros cristianos. A través de ella estrechaban los lazos que los unían. Cuando formamos el grupo, después de buscar muchos nombres, nos gustó esta palabra que nos explicó nuestro catequista de entonces. Se lo contamos a Marc, que fue quien nos motivó al principio para hacer el grupo, y a él también le gustó mucho, le pareció un nombre sonoro y muy representativo. Para la entrevista nos hemos hecho esta foto con el nombre del grupo detrás.

Comentario

Moussa dice:

¡Qué buenos recuerdos!

16.02.16 a las 21:33

8 DE FEBRERO

Salvarnos, ¿de qué?

Publicado por Moussa

En estas fechas de Semana Santa, uno de los temas recurrentes es hablar de que Jesús se entrega por nosotros para salvarnos. En nuestras reuniones de la parroquia hemos preguntado sobre el significado de todo esto, que nos llama la atención... Con lo que nos ha explicado nuestro catequista y lo que hemos hablado, hemos escrito la siguiente conclusión:

«Las personas somos capaces de hacer muchas cosas, pero en ocasiones nos dejamos vencer por el egoísmo, la despreocupación por los demás, la envidia... Jesús, con su muerte y resurrección, nos libera del pecado y de la muerte y nos hace libres para tener vida eterna (Jn 3,16)».

6 DE FEBRERO

Justicia

Publicado por Elisa

Estos días estamos trabajando mucho el tema de la justicia. Como otras veces, hemos buscado canciones con las que profundizar un poco más en él. Hemos encontrado esta interpretada por Enrique Bunbury, que fue el solista del grupo Héroes del Silencio, y Lila Downs, conocida cantante mexicana. Esta canción nos habla sobre la justicia. Mirad esta estrofa, a ver qué os sugiere...

«¡Justicia!
te busqué en las caras,
te busqué en las bocas,
te busqué en las mentes,
te busqué en los ojos de nuestras ciudades.
Sigo creyendo que lo malo acaba,
que lo bueno viene, la conciencia te llama».

Justice!
I looked for you in the faces,
I looked for you in the mouths,
I looked for you in the minds,
I looked for you in the eyes of our cities.
I still believe that evil is at an end,
that good is coming, your conscience calls to you.

1 DE FEBRERO

Nos hemos convertido en jueces y juzgados...

Publicado por Pedro

Hemos realizado una actividad muy interesante en clase. Se trataba de simular un juicio a unas personas que habían llevado a cabo un acto presuntamente delictivo. Para ello, unos días antes nos repartimos los papeles de todas las personas que intervienen cuando se celebra un juicio. Cada uno de nosotros se sumergió en su papel y se informó sobre las cosas que debía hacer y cómo tenía que actuar.

Después de valorar la experiencia, hemos llegado a la conclusión de que la actividad ha resultado muy interesante. Aunque también nos hemos dado cuenta de la dificultad que conlleva el juzgar las acciones de las personas sin tener en cuenta quién las hace... Además, en este caso se trataba de un amigo con el que llevamos ya muchos años juntos en clase, aunque representara un papel.

Comentario

Luis dice:

¡Qué difícil es juzgar a los demás! Aunque a veces juzgamos sin pensar en las consecuencias...

06.02.16 a las 22:31

Jesús ha venido a salvarnos

¿Salvarnos de qué? De la tristeza, de la soledad, del egoísmo, de la pereza, del dolor, de la injusticia... El mal existe y nosotros podemos hacer el mal con nuestro modo de vivir. Pero también podemos elegir vivir de tal manera que hagamos felices a los demás y así el bien venza al mal.

Jesús, con su vida, muerte y resurrección, nos salvó del pecado y de la muerte y nos invitó a tener fe en Él como camino para alcanzar la vida eterna.

El pecado y la muerte

Dios nos creó libres para colaborar con Él y con su Creación. A veces las personas usamos nuestra libertad para elegir lo que está mal. A menudo somos egoístas, desobedientes, insolidarios, sentimos envidia, no respetamos la naturaleza...

El **pecado** son todas las cosas que nos apartan de Dios, de los demás y de la Creación. Cuando vivimos pecando, a nuestro alrededor no crece la vida, no crece el Reino de Dios, sino que generamos **muerte**. La muerte es la ausencia de vida. Todo lo que impide una vida feliz es contrario a la vida.

En la época de Jesús había marginados, pobres, enfermos... personas que no podían vivir felices a causa del dolor, la soledad y la exclusión. También en nuestros días **hay personas que no pueden vivir con dignidad ni ser felices** a causa del mal y de la injusticia de las personas. Cuando no obedecemos a Dios, ni cuidamos de los otros, generamos dolor y todo se deshumaniza.

Pecar es una pena. Es no querer vivir felices con Dios y con los demás porque solo nos vemos a nosotros mismos. Así no somos felices.

¿Sabías que...?

El Evangelio nos cuenta que, en una ocasión, Pedro le pregunta a Jesús cuántas veces hay que perdonar si te ofenden. Jesús le responde que setenta veces siete, que en el lenguaje de Jesús quiere decir que no importa cuántas sino cómo, de corazón.

El perdón de Jesús, perdón de Dios

Jesús nos enseña que, a pesar de nuestros pecados, Dios está **siempre dispuesto a perdonarnos**, porque nos quiere y es misericordioso.

En los evangelios se cuenta cómo Jesús se sentaba a comer con pecadores, y era criticado por ello. Los perdonaba de corazón, de manera incondicional, sin exigirles nada a cambio. Esa era su forma de hacer las cosas, primero los perdonaba y les decía que los quería, convivía con ellos como un buen amigo. Así, gracias al amor de Jesús, **cambiaban de verdad, de corazón, acogían el amor de Dios y le respondían.** Esa forma de actuar de Jesús es la forma que Dios tiene de perdonarnos, de salvarnos.

Jesús, su muerte y resurrección

En **Semana Santa** conmemoramos los últimos días de la vida de Jesús. Es el punto culminante de lo que nos ha enseñado: cumplir la voluntad de Dios hasta el final. La muerte de Jesús es consecuencia de su anuncio de una buena noticia para todos por igual. Esto no gustaba a las personas que tenían poder y una situación privilegiada en su sociedad. A pesar de saberse en una situación en la que su vida corría peligro, Jesús sigue enseñando a sus discípulos, curando, haciendo milagros, perdonando los pecados... Todo esto era un escándalo para los que querían matarle.

Jesús muere en la cruz y al tercer día resucita. La muerte y el dolor no tienen la última palabra, **Dios resucita a su Hijo** de la muerte y le da la vida eterna junto a Él. Dios nos ama de tal manera que entrega a su propio Hijo para demostrarnos su amor y su perdón. **Jesús nos trae la salvación y el perdón de los pecados.**

La resurrección de Jesús **llena de sentido la existencia de los creyentes**, ya no hay nada que temer, la muerte no es el fin. Ahora, con Jesús resucitado, están perdonados y pueden vivir su fe en Jesús llevando la buena noticia del Reino a todo el mundo.

Los cristianos hoy vivimos la alegría de saber que Jesús resucitó y nos salvó y que debemos **vivir con mucha fe en Él y amando a nuestros hermanos.**

La cruz es el símbolo de los cristianos. Expresa el amor de Dios, que es capaz de darse hasta la muerte por la salvación de la humanidad.

Los números 20 y 21 del Catecismo *Jesús es el Señor* nos hablan de la muerte y resurrección de Jesús.

1. Completa esta tabla en tu cuaderno con los acontecimientos que celebramos los cristianos.

Domingo de Ramos	Jueves Santo	Viernes Santo	Domingo de Pascua
.....	.....	.....	.....

2. Define las siguientes palabras. Después, mejora tu definición con ayuda de un diccionario.
   - pecado
   - muerte
   - exclusión
   - salvación
   - resurrección

3. Busca en la prensa o en internet ejemplos de personas que sufren. Intenta averiguar la causa de su sufrimiento. ¿Cómo podrían ser felices? Haz una lista de las cosas que podríamos hacer los demás para ayudarlos.

4. Formad grupos de tres o cuatro compañeros y leed los siguientes textos.
   - Lc 15,11-24
   - Lc 19,1-10
   - Lc 15,1-7

   Después, relacionadlos con una de estas frases y explicad por qué creéis que transmiten ese mensaje.
   - Dios sale a buscarnos a cada uno de nosotros.
   - Dios recibe con los brazos abiertos al hijo que vuelve a casa.
   - Dios perdona, y eso hace que cambie el corazón de las personas.

Nos preparamos para leer la Biblia

En el camino de Emaús

Lc 24,13-35

«Aquel mismo día, dos de ellos iban caminando a una aldea llamada Emaús, distante de Jerusalén unos sesenta estadios; iban conversando entre ellos de todo lo que había sucedido. Mientras conversaban y discutían, Jesús en persona se acercó y se puso a caminar con ellos…».

Para empezar

- Describe lo que ves en la ilustración.
- ¿Adónde crees que se dirigen los personajes?
- ¿Acaban de empezar a caminar o ya van a llegar a su destino?
- ¿De qué crees que pueden estar hablando?
- ¿Qué te sugiere la ilustración?

Pistas sobre el texto

Nos encontramos ante un texto en el que se narra una de las apariciones de Jesús tras su Resurrección. Solo se recoge en el Evangelio de Lucas.

Mediante este relato, quiere explicar cómo los discípulos de Jesús vivieron y comprendieron la experiencia de la muerte y resurrección de Jesús. Cómo pasaron del miedo, la duda y la desesperanza, a creer firmemente que Jesús estaba vivo y que sus palabras se habían cumplido.

Vocabulario

Emaús: aldea cercana a Jerusalén cuyo nombre significa 'primavera templada'.

Sesenta estadios: esa distancia equivale a unos 11 kilómetros.

Forastero: extranjero.

Nazareno: habitante de Nazaret.

Sumo sacerdote: la autoridad religiosa más importante para los judíos en tiempos de Jesús.

Necio: ignorante o imprudente.

Trabajamos sobre el texto

- **Preparamos la lectura.** Antes de leer el texto, contestad estas preguntas en voz alta: ¿recordáis algunas de las apariciones de Jesús resucitado? ¿Y el relato de cómo se produce la resurrección de Jesús? ¿Conocéis el texto que vamos a trabajar? ¿Sabéis qué les pasa a los discípulos mientras van a Emaús?
- **Leemos el texto.** Primero, leed el texto de manera individual. Después, preparad una lectura dramatizada por grupos.

1. Completa esta tabla en tu cuaderno.

	Versículos	Idea principal
Primera parte: encuentro con Jesús	.....	.....
Segunda parte: conversación con Jesús	.....	.....
Tercera parte: Jesús comparte con ellos la cena	.....	.....

2. En los discípulos se produce un cambio de actitud después del encuentro con Jesús. Busca la parte del texto donde se puede observar este cambio.
3. ¿Cómo se cuenta que los discípulos reconocieron a Jesús? ¿Por qué crees que lo reconocen en ese gesto? ¿A qué sacramento te recuerda?
4. En grupos, escribid una lista de los sentimientos que creéis que tendrían los discípulos antes de la resurrección de Jesús y otra de los que tendrían después de ella. Intentad plasmar este cambio en un mural-*collage* elaborado con recortes de periódico, revistas, dibujos…

Los discípulos de Jesús se sentían asustados, desanimados, perdidos… No entendían qué había pasado, por qué había tenido que morir Jesús. Pero algo sucede, Jesús sale a su encuentro mientras caminan, los acompaña, los escucha y les habla… Comparte con ellos su pan y así es como se dan cuenta de que ha resucitado, está vivo y los acompaña.

Pistas para aprender a leer la Biblia

Para comprender lo que nos quieren decir los textos bíblicos, existe un método que se llama *exégesis bíblica*.

La exégesis se fija en aspectos como quién es el autor, a quién va dirigido el texto, su vocabulario, el contexto histórico y social… para establecer conclusiones que ayuden a entender mejor el mensaje que quiere transmitir ese relato o narración.

Símbolos del tiempo pascual

Durante el tiempo pascual los cristianos celebran la resurrección de Jesús de entre los muertos y la Salvación que su muerte y resurrección nos ha traido. Son cincuenta días en los que el centro es el encuentro con Jesús Resucitado y la esperanza de que también nosotros resucitaremos con Él si nuestra vida acoge la Salvación.

Para marcar la importancia de este tiempo pascual, en la liturgia se utilizan una serie de símbolos muy significativos.

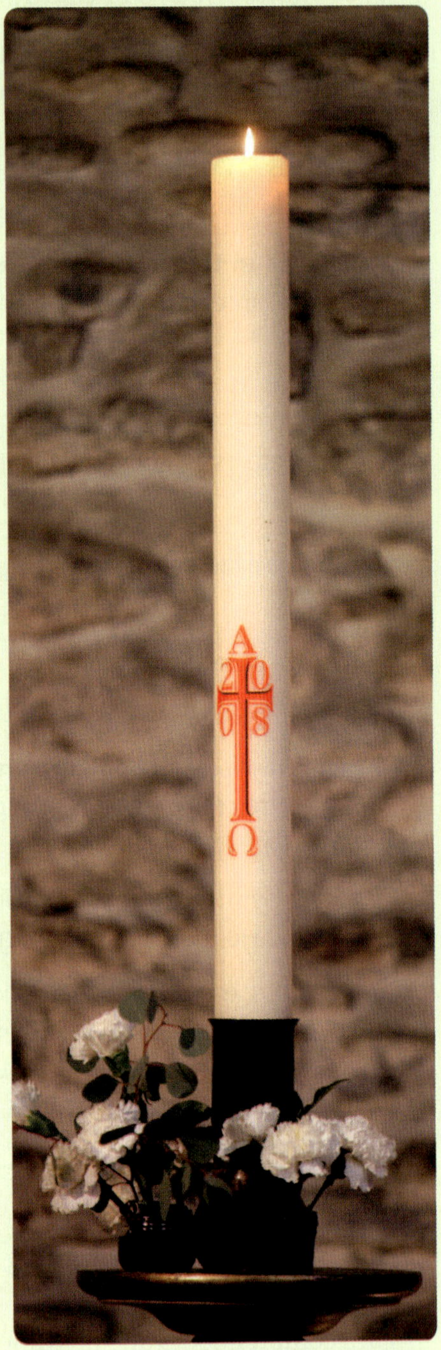

El cirio pascual

El cirio es una vela grande elaborada con cera de abeja (de ahí viene su nombre) que en las celebraciones pascuales simboliza a Cristo Resucitado. Igual que Jesús triunfó sobre el pecado y la muerte, el cirio pascual representa la luz de Cristo en medio de la oscuridad. Por ello, cuando se enciende el cirio por primera vez durante la Vigilia Pascual el sacerdote canta: «Luz de Cristo», y todos responden: «Demos gracias a Dios». El cirio pascual suele llevar incrustados cinco granos de incienso que representan las heridas de Jesús crucificado.

Este símbolo también estará presente durante todo el año en la celebración de los sacramentos del Bautismo y la Unción de enfermos.

El agua bautismal

Tradicionalmente, la vigilia pascual era el momento privilegiado para que los nuevos cristianos recibieran el sacramento del bautismo. Esto sigue siendo así. Además, se aprovecha esa celebración para que todos los bautizados renueven sus promesas bautismales y se derrama sobre ellos agua en recuerdo de su bautismo. Este gesto de derramar agua se repite durante las eucaristías del tiempo pascual.

La vestidura blanca

El blanco es el color que predomina durante el tiempo pascual en todas las celebraciones cristianas. Este color se suele identificar con la pureza y la inocencia. En el caso de los cristianos, también simboliza la nueva dignidad que da el sacramento del bautismo: la dignidad de Hijos de Dios, la vida Nueva.

Diálogo

1. Haz un mural sobre los símbolos de la Pascua y explica su significado.
2. Todos estos símbolos apuntan a la alegría y la paz que experimentan los cristianos al celebrar la Resurrección de Jesús. Concreta cómo expresa esa alegría y paz cada uno de ellos.

RECORDAMOS

1 **En pequeños grupos, preparad una fiesta de la Pascua. Igual que celebramos la Navidad en diciembre y los carnavales en febrero, ahora vamos a hacer una fiesta por la Resurrección de Jesús, en marzo o abril.**

- Un grupo prepara el pregón de la fiesta, explicando en él qué se celebra.
- Otro elabora la decoración de la clase: guirnaldas, banderines de colores y carteles o murales.
- Otro grupo trae refrescos y aperitivos propios de la fiesta: aceitunas del huerto donde se apareció Jesús a María Magdalena, «nubes» del cielo, «palomitas» blancas que anuncian la Resurrección de Jesús…
- Otro prepara símbolos para ponerse en la fiesta: un «corazón nuevo», una diadema de la alegría, un collar de chispas de vida eterna...
- Buscar testimonios de cristianos sobre la resurrección donde indiquen cómo ha cambiado su vida.

2 **Copia en tu cuaderno el mapa conceptual de la unidad y complétalo. Después, amplía el contenido con lo que has aprendido.**

Jesús ha venido a salvarnos
Jesus has come to save us

- El .....
  Sin
  - Nos aleja del ..... de Dios y de los .....
    It distances us from God's ..... and our .....
- El ..... de Jesús
  The ..... of Jesus
  - Jesús perdonaba a todos de .....
    Jesus truly forgave everyone.
- Su muerte y .....
  His death and .....
  - Jesús muere siendo ..... a su misión y con su ..... nos da la alegría de una vida .....
    Jesus died, staying ..... to His mission, and with His ....., He gave us the joy of a ..... life.

9 Testigos de la Resurrección

Pedro, Li, Moussa y Elisa colaboran desde la parroquia en la construcción de un mundo mejor.

Siembra la esperanza,
ven a nuestro lado,
grita que Jesús
ha resucitado...

Para ser un buen explorador…
… y vivir con esperanza:

- Me preparo en silencio
- Abro los ojos y observo
- Comparto lo que veo
- Pienso

Me hago preguntas: ¿dónde se encuentran Pedro, Li, Moussa y Elisa? ¿Qué están organizando?

1 Preguntas para el diálogo

- ¿Qué crees que esperan conseguir con el festival?
- ¿Qué actitud muestran?

Hay personas que ayudan, de diferentes maneras y desde distintas convicciones, a construir un mundo mejor. Muchas asociaciones ecologistas, por ejemplo, contribuyen a preservar el entorno natural porque están convencidas de que el ser humano es el responsable de su cuidado.

La Iglesia también tiene clara su aportación al mundo desde las enseñanzas de Jesús. El núcleo de su mensaje fue la proclamación del Reino de Dios y de su presencia entre nosotros. Se trata de una nueva manera de ejercer la justicia de Dios a favor de los niños, las mujeres, los pobres, los necesitados… Jesús es, pues, el modelo para la Iglesia. Él, bajo el mandato del amor, manifestó de muchas maneras el amor de Dios como Padre de todos. Jesús nos trae la salvación y nos libera del pecado y de la muerte.

Lo dice san Pablo en su carta a los Efesios: «Y él ha constituido a unos, apóstoles, a otros, profetas, a otros, evangelistas, a otros, pastores y doctores, para el perfeccionamiento de los santos, en función de su ministerio y para la edificación del cuerpo de Cristo». Por todo ello, la Iglesia tiene clara su misión de servir respondiendo a las necesidades sociales hoy, según el mensaje vivo de Jesús, proclamando y extendiendo la Buena Noticia. Y en esa tarea, todos sus miembros han de asumir sus responsabilidades para lograr sus objetivos.

2 Trabajamos juntos: reflexionamos en equipo sobre las siguientes cuestiones

- ¿Qué misión tiene la Iglesia?
- ¿Qué cosas hace para mejorar el mundo?

Tu grupo pop preferido

8 DE JUNIO

Fotografía con nuestro obispo

Publicado por The Agapes

El domingo pasado, nuestro obispo vino a la parroquia, ya que algunos jóvenes iban a recibir el sacramento de la Confirmación.

Last Sunday, the bishop visited our parish church because some of the young people were going to receive the sacrament of Confirmation.

Allí nos invitó a ser testigos de la resurrección de Jesús y a anunciarle en nuestra vida. Cuando alguien se encuentra con Jesús resucitado no puede dejar de anunciarlo y de esforzarse porque su vida le refleje.

2 DE JUNIO

También somos Iglesia

Publicado por Pedro

Hablando sobre lo que significa pertenecer a la Iglesia, hemos encontrado una canción del grupo Kairoi titulada *También somos Iglesia*. En ella se expresan las cualidades y los deseos de los cristianos: amigos de Jesús, soñadores, sembradores de paz, luchadores por la justicia... Reconoce que somos imperfectos, pero que, a pesar de eso, somos Iglesia. Y además, con una música marchosa.

«Abrimos los ojos, soñamos estrellas,
pisamos los charcos, abrimos las puertas,
rompemos molduras y estructuras viejas.
Aun siendo inconscientes,
también somos Iglesia.
Somos soñadores, amamos la tierra,
gritamos justicia y odiamos la guerra,
somos futuro aunque no lo crean.
Aun siendo imperfectos,
también somos Iglesia».

Comentario

Marta dice:

¿Has escuchado todo lo que dice? ¡Cuántas cosas!

02.06.16 a las 20:06

30 DE MAYO

La Iglesia nace de la fe en Jesús

Publicado por Li

En catequesis hemos leído uno de los números del Catecismo de la Iglesia Católica. Su lectura ha dado pie a un rico diálogo entre todo el grupo:

«**166** La fe es un acto personal: la respuesta libre del hombre a la iniciativa de Dios que se revela. Pero la fe no es un acto aislado. Nadie puede creer solo, como nadie puede vivir solo. Nadie se ha dado la fe a sí mismo, como nadie se ha dado la vida a sí mismo. El creyente ha recibido la fe de otro, debe transmitirla a otro. Nuestro amor a Jesús y a los hombres nos impulsa a hablar a otros de nuestra fe. Cada creyente es como un eslabón en la gran cadena de los creyentes. Yo no puedo creer sin ser sostenido por la fe de los otros, y por mi fe yo contribuyo a sostener la fe de los otros».

De su lectura hemos sacado las siguientes conclusiones:

- La fe es un don de Dios.
- Es la respuesta libre del ser humano a la iniciativa de Dios que se revela.
- En el momento que es importante para nosotros, sentimos la necesidad de comunicarla a los demás.
- Todos los que formamos la Iglesia tenemos fe en Jesús.
- Si no contamos con la ayuda de los demás, es muy difícil creer.

20 DE MAYO

El testimonio del Resucitado

Publicado por Moussa

Hoy el profesor de religión nos ha entregado una revista que se llama Alfa y Omega para que la leamos durante la semana y entresaquemos testimonios de la Resurrección. En sus páginas nos hemos encontrado cómo hablan de la Resurrección distintos personajes con cierta relevancia social y cultural. Actores, políticos, profesores, periodistas... hablan de lo que supone para ellos la Resurrección de Jesús y cómo ha transformado su forma de vivir. Nos ha llamado mucho la atención la sencillez de sus testimonios y como transmiten alegría y esperanza. Alguno de ellos incide en que encontrarse con Jesús Resucitado le ha impulsado a amar y perdonar a los demás. ¡Qué importante es el perdón en nuestra sociedad!

El encuentro con el Resucitado

Los evangelios nos han transmitido el encuentro de Jesús Resucitado con algunos de sus seguidores. En esos encuentros Jesús se hace el encontradizo, ofrece su paz y les encomienda la tarea de anunciar el Evangelio por toda la tierra.

Un encuentro que transforma la vida

Tras la pasión y muerte de Jesús los apóstoles se encuentran tristes, desolados y llenos de miedo por si ellos podían sufrir la misma suerte que su Maestro. Por ello, en los relatos evangélicos nos los muestran encerrados por miedo y temerosos ante todo lo que les acontece. «Nosotros, esperábamos que sería él el que iba a librar a Israel; pero, con todas estas cosas, llevamos ya tres días desde que esto pasó» (Lc 24,21).

Los encuentros con el Resucitado empieza en la mayoría de las apariciones con un saludo de Paz («Paz a vosotros). Jesús quiere mostrar acabar con sus miedos y sus temores y sembrar en ellos la confianza que nace de la fe. Tras estos encuentros observamos que en los discípulos se produce un cambio muy significativo que se traduce en:

- **Alegría**: los discípulos sienten que sus esperanzas se han cumplido y van tomando conciencia de las implicaciones que conlleva la Resurrección de Jesús. Dios les salva y ha hecho que Jesús triunfe sobre el pecado y la muerte. Por eso, la tristeza que experimentaron al dejar a Jesús en el sepulcro se va transformando en una alegría profunda.
- **Paz**: el Resucitado reparte paz entre sus seguidores. Esa paz nace de la salvación y de la Vida Nueva que inaugura la resurrección de Jesús. Una señal del Reino es la paz que triunfa sobre los enfrentamientos y la guerra.
- **Valentía**: es muy significativo que unas personas que estaban aterradas pasaron a hablar del Resucitado delante de todos, incluso de tribunales y gobernantes. El triunfo de Jesús derriba todos sus temores. Ni la muerte, ni los sufrimientos, ni el dolor tienen nada que decir frente a la Resurrección de Jesús. Por eso comienzan a dar testimonio con una valentía que sorprende a todos.
- **Testimonio**: Los apóstoles sienten la necesidad de transmitir lo que han experimentado. La Resurrección es una buena noticia para todos, por eso no pueden dejar de anunciarla.

Id por todo el mundo

El Resucitado invita a sus seguidores a continuar su misión. Igual que el Padre le envía a Él, Cristo envía a sus seguidores y lo hace para que anuncien el Evangelio, para que bauticen, para que perdonen los pecados. De esta forma continúan la misión de Jesús haciendo que el Evangelio llegue a todos.

¿Sabías que...?

El Catecismo dice que el cielo es un estado de felicidad suprema y definitiva.

Llamados a ser testigos de la Resurrección

Los cristianos somos llamados por Dios a seguir a Jesucristo y a llevar su Buena Noticia a todas las personas. Somos libres para responder con nuestra vida a su llamada. Cuando nos encontramos con Jesús y su espíritu de amor, nos sentimos con fuerzas para responder con un sí a Dios.

Los cristianos creemos en la resurrección de Jesús y que Él nos ofrece la salvación. Por eso tenemos la esperanza de la vida eterna y de la felicidad infinita junto al buen Dios que nos ama.

Nuestro tiempo debe ser un tiempo nuevo, lleno de esperanza. Estamos invitados a hacer de nuestra vida un tiempo de salvación para los que nos rodean, a hacer un mundo que cada vez sea más Reino de Dios. Un mundo justo y humano donde los valores de la fe, la esperanza y el amor sean compartidos por todos.

Son muchos los cristianos que a lo largo de los siglos han experimentado en sus vidas el encuentro con la Resurrección de Jesús. Este encuentro ha transformado sus vidas, eliminando de ellas todo lo que dificulta la relación con Dios y con los hermanos. Asimismo, ha dado un sentido nuevo a su existencia donde lo importante no es el propio bienestar sino vivir confiado cumpliendo la voluntad de Dios. Esto les proporciona una alegría y una esperanza que se mantiene a pesar de las dificultades y adversidades que pueden asaltarles.

El Credo es el símbolo de la fe de los cristianos, es decir, de lo que creemos. Fíjate en cómo termina: «Espero la resurrección de los muertos y la vida del mundo futuro, amén».

El número 43 del Catecismo *Jesús es el Señor* explica que todos estamos invitados a la Casa de Dios.

1. Busca en el final de los cuatro evangelios las apariciones del Resucitado y copias frases que recojan la paz, la alegría, la valentía y el testimonio que experimentaron los discípulos tras el encuentro con el resucitado.
2. Lee estos relatos evangélicos y elabora una descripción de cómo se muestran los apóstoles tras la resurrección:
   - Hch 2,22-39
   - Hch 3,11-26
3. ¿Qué significa vivir con esperanza? ¿Por qué la Resurrección de Jesús trae esperanza para los cristianos?
4. Crea una composición donde se exprese la alegría y la paz que experimentaron los discípulos al encontrarse con el Resucitado.

Nos preparamos para leer la Biblia

Vosotros sois testigos de esto

Lc 24,36-49

- Describe brevemente la ilustración.
- ¿Cuál es el plato principal de la comida?
- ¿Qué crees que simboliza el color blanco de uno de los personajes?
- ¿Qué sentimientos o actitudes aparecen?
- ¿A qué hace alusión los panes que hay sobre la mesa?
- ¿Te recuerda a algunas de las apariciones del Resucitado?

Pistas sobre el texto

Este relato recoge una de las apariciones de Jesús a los discípulos. Los evangelios recogen varias de las apariciones de Jesús a sus seguidores (a María Magdalena, a Tomás, a los discípulos en distintas situaciones —en camino, pescando, reunidos, escondidos—).

En este caso se encuentran reunidos en una habitación por miedo y Jesús se da a conocer mostrando en su cuerpo las señales de la pasión y regalando la paz. Desde el primer momento, Jesús vincula su Resurrección con el envío de los discípulos y con la llegada del Espíritu Santo. En este texto Jesús sigue escogiendo una comida como el lugar donde revelarse; de esta manera está marcando la continuidad con su vida pública pero de una manera nueva.

Como en otras apariciones el Resucitado aparece el envío de Jesús a los testigos de su resurrección pero también a cada uno de nosotros.

Vocabulario

Manos y pies: hace alusión a las heridas que sufrió Jesús. Son una señal de que el Resucitado es el mismo que murió en la cruz.

Promesa de mi Padre: se refiere al Espíritu Santo, que es Dios (la tercera persona de la Trinidad). Hace que los discípulos entiendan el mensaje de Jesús y los impulsa al testimonio.

Perdón de los pecados: la Resurrección aparece asociada en varios relatos de las apariciones del Resucitado al perdón de los pecados.

Trabajamos sobre el texto

- **Preparamos la lectura.** Antes de leer el texto, contestad estas preguntas en voz alta: ¿se apareció el resucitado? ¿Qué deseó a sus discípulos? ¿qué les mostró? ¿Qué hizo con ellos? ¿Qué les pide que hagan?
- **Leemos el texto.** Primero, estad atentos a la lectura del profesor o de un compañero. Después, leedlo en grupos pequeños y comentad vuestras dudas. Se puede hacer una lectura dramatizada del texto.

1. Describe cómo se encontraban los discípulos cuando Jesús se aparece. ¿Qué sentimientos les provoca la aparición del resucitado? ¿Con quién le confunden? ¿Qué les responde Jesús?
2. ¿Por qué crees que Jesús les mostró las manos y los pies? ¿Qué significa ese gesto?
3. Escribe una composición que recoja una carta escrita por un de los apóstoles donde narra este encuentro con el Resucitado.
4. Copia estas frases en tu cuaderno y complétalas siguiendo el texto:
   - Jesús se presentó en medio de ellos y les dice: ..... .
   - Mirad ..... soy yo en persona.
   - Yo voy a enviar sobre vosotros ..... .
   - Así está escrito: el Mesías padecerá, ... de entre los muertos al ..... .

Jesús nos invita a ser testigos de la Resurrección y a llevar la conversión para el perdón de los pecados a todos los rincones. Como los apóstoles, cada uno de nosotros somos invitados a vencer el miedo y lanzarnos con alegría a proclamar a Jesús y a entregarnos al amor al prójimo.

Pistas para aprender a leer la Biblia

En este último apartado del curso vamos a recordar dos ideas fundamentales sobre la Biblia: la primera es la importancia que tiene para los cristianos, pues en ella encontramos la Palabra de Dios a las personas, su mensaje; y la segunda es que, para leerla y entenderla, debemos tener en cuenta muchos elementos que nos pueden ayudar. Esperamos que este curso hayáis aprendido cosas que os faciliten la tarea. ¡Os animamos a seguir acercándoos a la Biblia! ¡Merece la pena!

Ser testigos hoy del Resucitado

Hemos visto que Jesús Resucitado hace frente al miedo de sus seguidores y hace surgir en ellos la alegría y la esperanza que nace del triunfo de Jesús sobre la muerte y el pecado. El encuentro con el Resucitado es la fuente de un testimonio que llega hasta nuestros días. Pero ¿qué es eso del testimonio?

El testimonio

Dejemos que sea el papa Francisco quien nos explique qué es el testimonio: «El testigo es uno que ha visto, que recuerda y que relata. Ver, recordar y relatar son los tres verbos que describen la identidad y la misión. El testigo es uno que ha visto, con ojo objetivo, ha visto una realidad, pero no con ojo indiferente; ha visto y se ha dejado involucrar por el evento. Por esto recuerda, no solo porque sabe reconstruir en modo preciso los hechos sucedidos, pero también porque aquellos hechos le han hablado y él ha captado el sentido profundo. Entonces el testigo relata, no en manera fría y distante sino como uno que se ha dejado poner en cuestión y desde aquel día ha cambiado vida. El testigo es uno que ha cambiado de vida».

Por tanto el testimonio no es un conjunto de teorías, ideas o mandatos sino que el centro del testimonio es una persona: Jesucristo. Por tanto, para ser testigos es necesaria una relación personal con el Resucitado por medio de la oración y de los sacramentos. Esa relación con el Resucitado se traduce en una vida más alegre, más valiente, más evangélica que transparenta mucho mejor ese encuentro con el Resucitado.

Cómo podemos dar testimonio

Hay muchas formas de realizar este testimonio:

- Con nuestras palabras: de esta forma reconocemos la importancia de la Resurrección de Jesús en nuestra vida y reconocemos la centralidad de Dios en nuestra vida. Es bueno saber explicar por qué es importante para nosotros la Resurrección de Jesús y qué significa en nuestra vida.
- Con nuestras obras: también nuestro compromiso con los demás puede se un testimonio de la alegría, la fe y la esperanza que nacen del encuentro con el Resucitado. Si Jesús ha perdonado nuestros pecados y nos ha llamado a una Vida Nueva, nuestras obras pueden hacer que ese perdón, ese amor y esa vida llegue a los que nos rodean, especialmente a los más pobres y necesitados.
- Con nuestro apostolado: si la Resurrección de Jesús es importante para nosotros, iremos contagiando ese entusiasmo y podemos mostrar esa importancia a otras personas que no han descubierto a Jesús en sus vidas.

1. Busca algunos testimonios de creyentes actuales que hablen sobre la importancia de la Resurrección en su vida y copia en tu cuaderno cuáles son los aspectos que destacan. Justifica qué cambio ha producido en ellos el encuentro con el Resucitado.
2. Lee esta canción que habla sobre la Resurrección y complétala con una nueva estrofa.

   El Señor resucitó venciendo la muerte en la cruz.
   Nuestra esperanza está en Él.
   Él es nuestro Salvador.
   Atrás quedó el temor, la duda y la poca fe.
   Hagamos ya realidad un reino nuevo de Amor.
   Somos testigos de la Resurrección, Él está aquí.
   Está presente, es vida y es verdad.

RECORDAMOS

1 En pequeños grupos, escribid una carta a vuestro obispo:

- Primero, contadle algo sobre vosotros: quiénes sois, qué estudiáis, vuestras aficiones…
- Comentadle lo que consideráis más importante de lo que habéis aprendido este curso en las clases de religión.
- Podéis aprovechar para hacerle alguna pregunta sobre cosas que os preocupen como cristianos.
- Antes de enviar las cartas, podéis leerlas en clase por si entre todos consideráis necesario realizar algún cambio en ellas.

2 **Copia en tu cuaderno el mapa conceptual de la unidad y complétalo. Después, amplía el contenido con lo que has aprendido.**

La Resurrección de Jesús
The Resurrection of Jesus

- Transforma la vida (alegría, esperanza, salvación).
  Transforms ..... (joy, hope, ...).
- Nos convierte en testigos.
  We become witnesses.

LA HISTORIA DE LA IGLESIA

Desde el descubrimiento de América hasta nosotros

1492 Descubrimiento de América

1502
Fray Bartolomé de las Casas hace su primer viaje a América

1508-1512
Miguel Ángel realiza las pinturas de la bóveda de la Capilla Sixtina

1545
Concilio de Trento

1580
Unificación de la corona española y la portuguesa en Felipe II

Siglos XVII-XVIII
Impulso misionero en América

Acontecimiento

Fray Bartolomé de las Casas y la defensa del pueblo indígena

Fray Bartolomé de las Casas (1484-1566) fue un fraile dominico que, durante sus viajes a América junto a los primeros conquistadores, denunció la situación de opresión a la que se veían sometidos los indígenas por parte de algunos de ellos. Defendió su libertad y su dignidad y, por ello, es conocido como el apóstol de los indios.

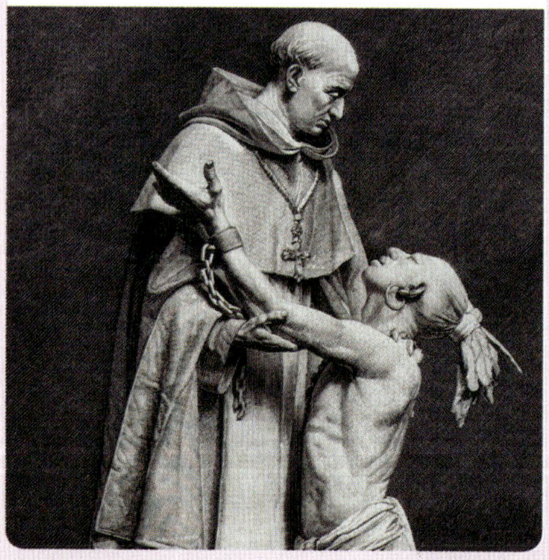

Arte

Capilla Sixtina

Se encuentra en la basílica de San Pedro del Vaticano. Fue ordenada construir por el papa Sixto IV entre 1473 y 1481. Es famosa por sus pinturas al fresco realizadas por artistas como Miguel Ángel o Botticelli y por su arquitectura.
En la actualidad se utiliza como sede del cónclave, que es cuando los cardenales se reúnen «bajo llave» para elegir al nuevo papa.

Concilio

Concilio de Trento

Se inauguró en diciembre de 1545 y se clausuró en 1563. Es conocido como el concilio de la contrarreforma o reforma católica, ya que tuvo lugar justo después de la escisión de los protestantes con la reforma de Lutero. La Iglesia buscaba reafirmar sus raíces y dar respuesta a lo que la realidad del momento le estaba pidiendo. Se trataron cuestiones esenciales como los sacramentos, la Sagrada Escritura y la Tradición.

1789 Revolución francesa	**1914-1918** Primera Guerra Mundial	**1941** Muere san Maximiliano Kolbe en un campo de concentración	**1939-1945** Segunda Guerra Mundial	**1962-1965** Concilio Vaticano II	**1978-2005** Pontificado de Juan Pablo II	**2013** Elección del papa Francisco	**Siglo XXI Nosotros**

Algo que mantenemos

Ecumenismo

Movimiento que busca favorecer y establecer cauces para el acercamiento y la consecución de la unidad de todos los cristianos. Dentro del cristianismo hay distintas ramas que se han ido escindiendo a lo largo de la historia: protestantes, ortodoxos y católicos son las principales. El Concilio Vaticano II dio un gran impulso al ecumenismo y, hoy en día, cada vez existen más espacios para el diálogo y el encuentro entre las distintas iglesias cristianas.

Acontecimiento

Viajes de Juan Pablo II

Juan Pablo II es conocido como el «papa viajero», ya que fue el papa que más viajes realizó por todo el mundo durante su pontificado.

Sus viajes tuvieron gran importancia para la relación de la Iglesia con el mundo; viajó a países donde nunca había estado un papa, donde la Iglesia católica no es la religión mayoritaria, donde ayudó al diálogo y a la resolución de conflictos.

Personaje

Papa Francisco

El cardenal Jorge Mario Bergoglio fue elegido papa en marzo de 2013 tras la renuncia de su predecesor, Benedicto XVI.

Fue arzobispo de Buenos Aires, donde luchó contra las injusticias sociales que se dan en ese continente. Ha escrito la exhortación apostólica *Evangelii Gaudium*, donde explica el programa de su pontificado y la Bula *Misericordiae Vultus* proclamando un «jubileo de la misericordia».

COOPERAMOS PARA APRENDER

Se acerca el final de curso y ya teníamos muchas ganas de ver el mar. Aprovechando un fin de semana largo por un puente, hemos aceptado la invitación que nos hizo Beñat, un amigo que conocimos en un encuentro juvenil.

MEJOR ENTRE TODOS

Volved a reuniros en los grupos del trimestre pasado para realizar esta actividad.

Estamos en una ciudad del norte de España, bañada por el mar Cantábrico. Os damos unas pistas para que, con la inicial de las palabras que definimos, encontréis el nombre de la ciudad:

- Ciudad visitada por muchos peregrinos que hacen un camino hasta ella.
- Madre de la Virgen María.
- Época en la que recordamos el nacimiento de Jesús.
- Ciudad que visitamos el trimestre anterior.
- Lugar por el que se accede a una casa.
- Libro sagrado para los cristianos.
- Comunidad autónoma que se encuentra al sur de la Península Ibérica.
- Ciudad con un importante acueducto romano.
- Ciudad en la que hay un acueducto, aunque más pequeño que el anterior.
- País cuya capital es Nueva Delhi.
- Conjunto ordenado de las letras empleadas en un idioma.
- País cuya capital es Oslo.

Seguro que ya sabéis dónde estamos. Ahora os invitamos a crear algunas pistas con datos que conozcáis sobre la ciudad, como hicisteis cuando hablábamos de Sevilla. Después, ponedlas en común en la clase para aprender entre todos un poco más sobre este lugar.

GRUPOS DE INVESTIGACIÓN

En 2012, la ciudad celebró el centenario de cinco elementos muy importantes para ella que se realizaron en el año… ¿Sabéis en qué año fue? Dicen de ellos que son «equipamientos de primer nivel» para la ciudad. Se trata de un hotel, un teatro, un balneario y dos medios de transporte.

Buscad información para encontrar el nombre de cada uno de ellos.

GRUPOS DE INVESTIGACIÓN

Hoy Beñat nos ha traído hasta el monte Urgull, donde hay una gran escultura del Sagrado Corazón de Jesús, que dicen que es quien custodia la ciudad. Es espectacular. La vista desde este lugar es maravillosa. Buscad estos datos sobre la escultura:

- Ubicación y entorno en el que se encuentra
- Autor
- Año de creación
- Distancia en kilómetros desde la que se avista

MEJOR ENTRE TODOS

En la Unidad 7 aprendimos muchas cosas sobre el sacramento del Matrimonio. Elaborad una ficha descriptiva del mismo que recoja los siguientes datos:

- Nombre
- Breve descripción
- Función que cumple
- Signos y símbolos que le acompañan

Podéis incluir una imagen relacionada con el mismo que sirva para ilustrarlo mejor. Si recogéis la información en un panel informativo, puede ser utilizado como resumen de lo abordado en la unidad.

Tras el trabajo de recopilación de información para cada uno de los sacramentos, podéis hacer una puesta en común, de modo que lo aprendido por unos y otros pueda ser compartido.

COOPERAMOS PARA APRENDER

Bajando del monte Urgull hemos ido a visitar la basílica de Santa María del Coro, para conocer la imagen de María que hay allí y a la que los donostiarras tienen tanta devoción. Nos han contado la leyenda de Santa María del Coro, que es muy curiosa:

«Dicen que esta imagen se encontraba antiguamente en el coro de la basílica y uno de los clérigos subía a rezarle cada día. Un día se cansó de tanto subir y bajar y decidió llevar la talla a su casa para poder rezarle allí más cómodamente. Cuando iba a hacerlo, al llegar a la puerta de la iglesia, se quedó inmóvil y no pudo salir de ella. Desde ese momento la imagen se situó en el altar principal».

La Virgen del Coro también es muy importante para San Sebastián, tanto que la nombraron patrona de la ciudad. Cada año la imagen es bajada el día 8 de septiembre desde el lugar en el que está expuesta normalmente. Además se produce un momento muy emotivo cuando es llevada a visitar el ayuntamiento. Esta tradición se repite desde 1689.

GRUPOS DE INVESTIGACIÓN

Conocemos y difundimos las tradiciones marianas

La devoción a la Virgen María adquiere expresiones diferenciadas según los lugares. Es muestra del amor que las personas tienen a la Virgen. Vamos a hacer entre todos un pequeño trabajo recopilatorio de estas tradiciones para darlas a conocer. Para ello, podéis preguntar a vuestras familias, profesores y profesoras, párrocos…
Cada grupo realizará las siguientes tareas:

1. Recopilar información sobre diferentes tradiciones.
2. Seleccionar una tradición que resulte más significativa.
3. Escribir la narración para darla a conocer a otras personas
4. Buscar ilustraciones de la Virgen que sean acordes con dicha tradición.

Una vez recopilada toda la información, cada grupo deberá compartir con el resto sus hallazgos. Para ello, deberéis pensar en el mejor formato de presentación, adjuntando ilustraciones y otros recursos que ayuden a que vuestra narración resulte interesante y cercana.

Ahora que termináis la etapa de Primaria, os animamos a resumir todo lo que significa ser cristianos.

MEJOR ENTRE TODOS

Os invitamos a elaborar, en los grupos que habéis hecho a lo largo del curso, un manifiesto sobre lo que consideráis que es para vosotros ser cristianos.

Por si no lo sabéis, un **manifiesto** es una declaración pública de vuestros principios e intenciones.

Podéis dividirlo en cuatro partes:

- Primera parte. Escribid quiénes sois, qué hacéis, por dónde os «movéis»…
- Segunda parte. Hablad de lo que habéis aprendido a lo largo de estos años que significa ser cristianos. Os puede ayudar el contenido de la Unidad 9.
- Tercera parte. Todos aprendemos muchas veces por imitación. Sería bueno que en esta parte citaseis a las personas que han sido importantes para vosotros en vuestro camino como cristianos.
- Cuarta parte. Después de lo anterior, explicad a qué os anima todo ello. Pensad a qué os compromete y qué estáis dispuestos a hacer como cristianos para mejorar el mundo.

Seguro que escribís un texto muy interesante, tanto que os gustará presentarlo al resto de los compañeros. Cada grupo puede leer su manifiesto a los demás. Después, exponedlos por la clase.

Para ello pensad la forma de hacerlo de una manera «elegante». Elegid una cartulina de un color que os guste y decorad los márgenes, las letras…

Un álbum de recuerdos

Imágenes de nuestra amistad

Por fin hemos encontrado un rato para organizar las imágenes y recuerdos que tenemos de la historia de amor de Dios con nosotros. Hemos seleccionado algunas para que podáis ver cómo la historia de Dios no se entiende sin nosotros. Bueno, lo mejor es comenzar por el principio y así lo entenderéis mejor. Por cierto, ya veis que hemos aprendido a crear nuestro propio álbum digital...

Dios creó un mundo lleno de vida, de posibilidades...

Para ti, para nosotros. Somos su criatura elegida, el mundo es nuestro regalo.

Pero algunos eligieron no disfrutar el regalo y entonces hubo dolor, guerra, egoísmo, envidia...

Tras cuarenta días lloviendo, Dios comprendió que debíamos hacer las paces, y nos regaló el arcoíris como señal. Nunca más volvería a enviar un diluvio.

Aquí tenéis a Abraham, el hombre al que Dios eligió para formar su pueblo. Se fio de Dios y abandonó todo para ir a la tierra que le prometió.

El pueblo fue creciendo y conoció la esclavitud y el dolor. Dios eligió a Moisés para devolverle la libertad y guiarlo hacia la Tierra Prometida, una tierra fértil donde trabajar y vivir felices.

En el desierto Dios hizo una nueva alianza con nosotros y nos entregó los Mandamientos, para que lo amáramos y nos amáramos también entre nosotros.

Por fin, el pueblo, después de muchos años, volvió a disfrutar de la Tierra Prometida. Vivieron tiempos felices y Dios era importante para ellos.

Pero, pronto, el pueblo comenzó a olvidarse de Dios. Surgió la división entre ellos, conocieron la invasión de otros pueblos, sufrieron la guerra y el destierro…

Pero Dios nunca los abandonó, les habló por medio de los profetas y les pidió que volvieran a tenerle en cuenta, a amarle, a amarse. Les prometió un Salvador que quitaría para siempre el dolor y la dureza de su corazón.

Nació Jesús. En Él, Dios se hizo como uno de nosotros para compartir nuestra humanidad y traernos la libertad para siempre. Esta era su Alianza definitiva.

Jesús fue un buen amigo que mostró un nuevo modo de vivir, que nos enseñó que Dios es nuestro Padre bueno y que todos somos hermanos.

Dios sintió dolor con su muerte, pero así nos mostró que no hay nada más fuerte que su amor, y Jesús resucitó para vivir siempre a nuestro lado.

Los creyentes en Jesús proclamaron la fe en el Resucitado y extendieron la buena noticia por todo el mundo.

Durante estos más de 2000 años muchos creyentes le han seguido, pero sigue habiendo mucho sufrimiento entre nosotros.

El futuro está en manos de Dios. Nosotros elegimos la siguiente foto para la historia de este álbum.

Dios se ha dado por entero a nosotros y nos ha ofrecido su Salvación como un regalo sin esperar nada a cambio.

Su Espíritu, el Espíritu de Jesús, siempre está con nosotros y no nos abandona. ¡Ánimo! Vivid felices, sabiendo que Dios nos quiere.